如果人类是
整个宇宙的
大脑

人类一思考，上帝就发笑

[美]丹·刘易斯 著

陈亚萍 译

Dan Lewis

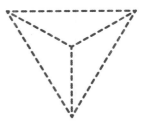

NOW
I KNOW MORE

湖南科学技术出版社　博集天卷 CS-BOOKY

献给

斯蒂芬妮、伊桑、亚历克斯、安妮，

以及我的父母

目录

Contents

我觉得有必要重复一遍马克·吐温的那句话——在第一本书《人的脑洞略大于整个宇宙》的前言里出现过，因为它仍然正确，并且显得更加重要："真相之所以比小说怪异，是因为小说必须遵照事情的可能性，但真相不必。"

世界上充满了故事。这些故事简直不可思议，令人难以置信，颠覆了我们对可能性的认知。然而，它们是真实存在的。在四年多的时间里，我都在收集这类故事，它们一开始被我写在电子邮件订阅栏目中，后来被收录进了《人的脑洞略大于整个宇宙》这本书，也就是本书的前一本。不过，你不需要先熟悉前一本的内容。你只需要对整个世界充满好奇，关注历史、科学、技术和生活中出现的不可能发生的事情。

比如，看到词典中的一个词，你会质疑它的真实性吗？这大概是不可能的。或者，门把手是人人都知道的东西，但为什么在科罗拉多，它们会引起诸多争议呢？再比如，有人可能知道，在9月11日，航空运输会暂停，但那是怎么发生的，又跟鲸鱼有什么关系呢？说到这里，一份家庭清洁系统改善计划跟反恐战争又有什么关系呢？

在接下来的故事和延伸阅读（每个故事至少有一个延伸阅读）中，我们将解答所有问题。我们将谈到粉色、大熊猫、购物商场、生日、DNA、邮局、墨西哥卷饼和一个从未存在过的城镇。我写下的这些故事，确保前后两个以某种方式产生关联。因为，虽然我不指望你一口气读完本书，但我希望每一件令人兴奋的趣闻，都将激励你进一步探索。说到底，好奇心是吸引你的首要条件。当你读完本书时，也不用担心——还有更多故事。每个工作日，我都会发送一则免费的电子邮件订阅消息，呈现一个新鲜故事。你可以登录 http://NowIKnow.com 查看。

现在开始吧！我们一起去盗走帝国大厦吧！

真的。那曾经发生过。（请翻到下一页看看。）

被盗的帝国大厦：
如何偷走帝国大厦

4500 万美元，被盗了。

这是两次事件造成的，一次发生在 2012 年 12 月，另一次发生在次年的 2 月。有七八个人使成千上万台自动取款机向他们错误地支付了一大笔钱，价值相当于《波士顿环球报》的资本净值。用《纽约邮报》的说法，这是一个辐射全球的"复杂的网络犯罪团伙"。虽然这是一次惊人的抢劫活动，不过如果跟 2008 年末发生在曼哈顿的抢劫案相比，那就是小巫见大巫了。在 90 分钟的时间里，20 亿美元的资产被盗，大约相当于帝国大厦的市值。

这么说是合理的，因为帝国大厦真的被盗了。

在 2008 年感恩节前后，纽约市政厅收到了一份卖契，卖契表明帝国大厦房产协会的一栋大楼被过户给了一家叫作道投资产（Nelots Properties）的公司。卖契上显示的资产描述跟帝国大厦相符，但处理文书工作的职员要么没注意，要么没在意。卖契上按要求涵盖了所有重要信息，包括连署人签名和公证人签名。其中一位连署人叫菲伊·雷，在 1933 年上映的电影《金刚》中，金刚爬上帝国大厦时，她扮演一名俘虏。这个细节似乎被忽略了。（坦白说，在2008年，还有多少人知道她的名字？不会有那么多。）公证人呢？他是一个叫韦利·萨顿的家伙，正好跟一个臭名昭著的银行抢劫犯重名。甚至连收购公司的名称都暗示了这件事不正常："道投"（Nelots）反过来念就是"偷盗"（Stolen）。

对帝国大厦房产协会来说，好消息是，道投公司对合法所有人的资产构不成真正的威胁。道投公司是不存在的，而是《纽约每日新闻》虚构出来的。报纸捏造了一份假卖契，表明用非法手段，暂时获取房地产的"正式"所有权是多么容易的事。

《纽约每日新闻》指出，这不仅是恶作剧者的伎俩，也是骗子的惯用手段。不，他们不是想搬进你的房子——事实上，这些骗子不需要（通常也不会）去看不择手段获取的新资产。这些新的"所有人"会用房子去申请抵押贷款或其他信用贷款，钱一到手就立即消失，留给真正所有人的是不清楚的财产所有权和留置权。有时候，即便合法的所有人没有申请贷款，银行也会取消抵押品的赎回权。这不能只怪处理契约转让的市政职员（虽然他们可能应负大部分责任）。宾夕法尼亚大学法学院制作了一段关于转让契约欺诈的视频。在视频中，《费城都市报》的一位编辑说："伪造签名和贿赂公证人是很难杜绝的。你怎么阻止这种现象呢？这有点太难了。"整个系统的存在，让偷盗行为没那么困难；在同一段视频中，一位处理过这类案件的律师声称："在费城，偷房子比偷钱包还容易。"《纽约每日新闻》使出的此类诡计，在纽约和其他许多地方也可能真实存在。

受害者不只是房主——银行放出的贷款通常也会收不回来。因此，许多借贷机构开发出一种机制，警示银行小心潜在的诈骗行为。警示信息是：受押人未能支付第一笔款项，执法机构称之为"首次付款违约"。道理很简单：真正的借款人本应能够支付第一笔账单，而诈骗者可能用的不是真实地址，所以从来收不到账单，造成还款失败。

在潜在的问题爆发前，《纽约每日新闻》将帝国大厦"物归原主"了。

延伸阅读 _____

帝国大厦花了将近 20 年才开始赢利。为什么？它吸引不到租客——相比克莱斯勒大厦等竞争对手，它距离中央车站、宾夕法尼亚车站两个主要火车站要远很多。由于一开始租金收入微薄，在第一年，帝国大厦的租金收入和观景台收入相当。

_____

被风拯救：
最不可能的救命方式

　　讲个愚蠢的笑话。有个男人在一栋40层的公寓里参加宴会。他对其他人说："你们知道吧，外面的风刮得很大。如果你跳到窗外，风会吹着你绕过大楼，正好再吹进来！"其他宾客哈哈大笑，但男人坚持说："我可以证明！"说完他跳到了窗外，果然绕着大楼飘浮起来，又安稳地从同一扇窗户飞了进来。另一位宾客渴望经历一生中仅有一次的疯狂时刻。其他人还没来得及阻止，他就跳到了窗外——摔死了。

　　主人怒视着第一位宾客说："超人，你喝醉的时候，真是个混蛋。"

　　再说一遍，这是个笑话。但是在1979年12月2日，埃尔维塔·亚当斯证明，有时候，普通人也能有点"超能力"。

　　那天晚上，当时住在布朗克斯区的29岁姑娘亚当斯决定自杀。具体原因不太清楚，但可以确定的是，她跟房东起了冲突，即将被赶出来；她还经受着抑郁症的困扰。她去了位于曼哈顿中城区的帝国大厦，来到第 86 层的观景台，登上了 7 英尺高的围栏（布满钢刺），跳了下去。

这件事没什么奇怪的，因为有几十人曾从帝国大厦跳下去摔死了。在第一次跳楼事件发生时，大厦甚至还没完工，一位下岗职工就那样结束了生命。1947 年，一个 23 岁的年轻人跳了下去，留下了一份有删改痕迹的遗书，上面说，一名（姓名不详的）男子"如果没有（她），会过得好很多"，而她无法成为一个很好的妻子。在楼底的豪华轿车上，人们发现了她的尸体。《生活》杂志刊登了她的尸体照片，标题为《最漂亮的自杀》。就在几年前，一个 54 岁的曼哈顿女人以类似的方式终结了生命。

但亚当斯经历了一件其他人几乎都没有经历过的事：她活了下来。她被卷入了一阵狂风——非常强劲的一阵风，只下落了一层就被吹回了大楼里。她落在了窗台上，还没来得及尝试跳第二次，就被一位保安发现了。她身体所受的唯一伤害是臀部骨折。

亚当斯被送进精神病院接受康复治疗。她目前的下落没有对外公开。

延伸阅读 _____

在帝国大厦上企图自杀的事件比较少。但不幸的是，作为美国"最受欢迎"的同类场所，位于旧金山的金门大桥就不一样了。（金门大桥被公认为世界上最著名的自杀大桥之一，排在第二位。）

我们不知道官方统计的具体的自杀人数，因为官方在自杀人数达到 997 时停止了统计，避免刺激那些想成为第 1000 个的人。无论人数多少，都比之前多很多。1994 年，加利福尼亚州高速公路巡警凯文·布里格斯被派到桥上巡逻。从那时起，他已经说服了大约 200 人放弃跳桥自杀。

巴莫与拉撒路：
旧金山民间的皇室

一个名叫亨利·里庞的酒鬼进了监狱。他的罪名是杀害，只知道受害者名叫巴莫。当消息传到牢房时，狱友大卫·波普雷选择了动用私刑——他攻击了里庞的鼻梁。

只可惜，犯人之间的暴力行为没那么罕见，这次打斗也就算不上大事了。1865 年发生在旧金山的事也没给它增加多少关注度。补充一句，里庞的杀人工具是他的鞋子——他把巴莫踢死了，我们好像距离事实近了一点……但其实没有。连马克·吐温写的巴莫的讣告，也没让波普雷维护受害者权益的行为显得有什么稀奇。

但有一件事要注意：巴莫是一条狗。

没错，马克·吐温真为它写了讣告。

在 19 世纪 60 年代，加利福尼亚州的狗没有多少是家养的。当时，洛杉矶和旧金山都备受"散养"狗的困扰——流浪的野狗横冲直撞,且数量通常比当地人还多。捕狗者通常是市政当局。当捕狗者逮住一条惹人讨厌的流浪狗,就投药将其杀死。不过,如果流浪狗具备一种能力,就可以免于死亡,那就是追杀老鼠的能力。

据说,巴莫对捕鼠非常在行。不过,它名声大振是在 1861 年。当时,一条小狗在与一条大狗的打斗中失势。巴莫来帮助这条小狗,把它救出了这场小争斗。事后,巴莫给小狗带来食物和温暖。后来这条名叫拉撒路的小狗活了下来,余生都与巴莫为伴。两条狗结成联盟后,捉到的老鼠更多了。一则报道说,有一次,它们在大约 20 分钟内,抓到了 85 只老鼠。

它们声名大噪,成了当地的英雄。1862 年,当一个捕狗新手逮住拉撒路时,大批公众的声援让它得以被释放,两条狗也免受反流浪狗条例的追责。还有传言,一周以后,在旧金山闹市区,它们阻止了一匹拉车的脱缰之马。

拉撒路死于 1863 年,《旧金山纪事报》刊登了一则长长的讣告以示怀念。两年后,之前提到的里庇先生在醉酒的情况下,踢死了一条名叫巴莫的狗。公众要求为该区域的民间吉祥物和宠物讨回公道,市政府便逮捕了里庇。

延伸阅读 _____

巴莫和拉撒路的事迹影响了一家旧金山公司。这家公司你可能听说过,就是谷歌公司。谷歌的企业规范中包含一项"狗政策"，具体来说是这样的："对犬科朋友的热爱，是我们谷歌企业文化的一个构成部分。我们喜欢猫咪，但我们是一家爱犬公司。所以，通常情况下，如果有猫咪拜访办公室，我们会感到非常紧张。"

皇帝：
获得国王葬礼的男人

    1880 年 1 月 8 日，在去一所大学做演讲的途中，皇帝诺顿一世晕倒了，他在救援到来之前就死了。他的死登上了当地第一大报纸的头版，标题是《皇帝驾崩》（*Le Roi Est Mort*）。当地第二大报纸也使用了类似的标题。两天后，在他的葬礼上，成千上万人前来瞻仰——虽然整个市的人口只有 20 万，但出席葬礼的大概就有 3 万人。据报纸第二天的报道，仅在几小时内，就有成百上千人组成了哀悼队伍，聚集在了门外。

    不过，他的皇帝位置不是真的。乔书亚·亚伯拉罕·诺顿——或称"美利坚合众国皇帝与墨西哥摄政王诺顿一世"——是一个让人误以为天生高贵的（至少是异乎寻常的）穷人。

    美国当然从来没有过皇帝，更不要说还是墨西哥摄政王了（尽管有门罗主义的存在），不过对诺顿来说，这无关紧要。他在 19世纪初生于英格兰，从父亲手中继承了一大笔遗产后，于 1849 年从南非搬到了旧金山。在接下来的几年中，他投资当地的房地产大获成功，19 世纪 50 年代他的身价据称已达到 25 万美元——价值远远超过现在的 600 万美元。但是，他的财富很快就流失了。中国的一场饥荒导致了旧金山大米紧缺，似乎很快就要出现物价飞涨的局面。诺顿开始以每磅 12.5 美分的价格从秘鲁大量买进大米，希望垄断旧金山的大米市场。然而，来自秘鲁的其他大米运输船也抵达了旧金山市——导致价格下降到大约每磅 3 美分。诺顿不仅在交易中赔了钱，还在试图撤销合同的诉讼中落败。1858 年，他宣告破产，离开了旧金山。

1859 年某个时间，诺顿回到了旧金山，他不再对大米和房地产生意感兴趣，而是奇怪地自诩为政治活动家。1859 年 9 月 17 日，他向多家当地报纸发信，宣称自己是美国的诺顿一世皇帝。一开始，报社只当这是一个来自前知名富人的奇怪笑话。但很快事情就明朗起来，当大米交易走下坡路时，诺顿失去的不只是他的财富。10 月，这位自封的皇帝颁布了第一项法令，废除了国会。（国会还没被废除时，诺顿皇帝就已命令军队"以适当的武力着手清理国会大厅"。）他可能还设立了世界上第一个"脏话罐"，任何人使用以 F 打头的词——Frisco①也不例外，就会被罚款 25 美元。

虽然这样做比较疯狂，但诺顿非常讨人喜欢，尤其在社区里。当地的一个哨所按军队指挥官的形象，送给他一件正式的制服，让他不再仅仅是自己想象中的"指挥官"了。作为最高统治者，诺顿还发行了自己的货币，让当地居民和企业在日常交易中使用。

诺顿去世后葬于加利福尼亚州的科尔马镇。他的墓碑上刻着

① 旧金山的简称。

"美利坚合众国皇帝与墨西哥摄政王诺顿一世"，就好像他真的如此活过。

加利福尼亚州科尔马镇不仅埋着诺顿一世，还有棒球选手乔·迪马乔、报业大王威廉·伦道夫·赫斯特、美国西部传奇英雄怀亚特·厄普和牛仔裤发明者李维·斯特劳斯。这个小镇建于1924年（诺顿的遗骨是1934年移到这里的），被规划为墓地——主要由现有墓地和未来计划建成墓地的土地组成。这个小镇的居民喜欢诙谐地看待他们的生命（和死亡）。2006年，科尔马镇镇长在《纽约时报》上表示，这个小镇"拥有1500位地上居民和150万地下居民"。小镇官网的口号是"在科尔马活着，棒极了"。

奥德赛：
拯救一座城市的搬迁

"一座移动中的城市"。

这是堪萨斯州尤利西斯镇的写照。它拥有大约 6000 名居民，镇名来自美国第 18 任总统尤利西斯·S. 格兰特（不是《荷马史诗》中的那位英雄）。它是格兰特县（也命名自那位总统）最大的自治镇，是该县大约 75% 的居民的故乡。

你可以按字面意思来理解开篇的那句话。

根据当时的报纸报道，尤利西斯建于 1885 年，位置非常适合发展。它不仅坐落在当时的东西铁路线上，还跟许多周边区域不一样，地下水位仅约 30 英尺，相对比较方便人们取用新鲜井水。（其他许多区域的井水深度达几百英尺。）到 1889 年，镇上已经拥有了一座大的校舍、四家酒店、十二家餐厅、十二家酒吧、六家赌场和一家歌剧院。近 1500 人搬到了尤利西斯。

然后，旱灾来了。用通俗的话说，这座繁盛的新兴城市化为了尘土。到 1906 年，镇上的人口仅在 100 上下徘徊——与大约 20 年前的人口顶峰时期悬殊。

更糟糕的是，在 19 世纪 80 年代中期的繁荣年份，此镇是通过公债出售得到了部分资助。为了满足城市基础设施建设的需求，镇领导发行了市政债券，累积的债务远超 8 万美元。（考虑到通货膨胀的因素，这相当于现在的 200 多万美元。）按当时比较普遍的做法，镇领导没有把钱用在挖更多的井（也许能战胜旱灾）或其他类似改善环境的项目上，而是私吞了钱款，再也没有偿付债务。债券持有者不太高兴，而下一代的尤利西斯居民要以极高的房产税和人头税来弥补先人所犯下的罪过。（每次申报，他们都要交 600% 的税。）

通常情况下，税费太高，居民就会搬走。镇上也发生了这种情况。但是，与众不同的是：人们搬走的同时把城镇也随身带走了。

到 1908 年末，尤利西斯剩下的住户在镇西侧大约两英里处新购入了一块地。1909 年 2 月，人们开始搬迁。建筑物被放在马拉的滑橇和车子上，拉到了尤利西斯的新地址。其中一座酒店被一分为二，历经数天，运到了新地址。到了同年 6 月，所有居民和市政大楼都搬走了。尤利西斯旧城于是成为一座由债权人拥有的鬼城。

延伸阅读

尤利西斯·S. 格兰特出生时叫海勒姆·尤利西斯·格兰特。当他被推荐上西点军校时，推荐的国会议员不小心写错了他的名字。格兰特接受了这个错误的名字，似乎希望不要在学校里造成混淆［而并非像某些消息所指出的，因为他的原名首字母组合是HUG（拥抱）］。他的中间名缩写不代表任何内容，但因为他母亲的娘家姓是辛普森（Simpson），许多消息断言，格兰特的中间名是辛普森。

《第十一号将军令》：
禁止犹太人进八美国的法令

　　《第十一号将军令》内容较短，整个法令包含三条内容，具体是：

　　1. 作为违反财政部每一项贸易法规及法令的一个阶层，犹太人在接到本法令 24 小时内，应被"当局"驱逐。

　　2. 驻地指挥官要确保为该阶层所有人提供通行证，并要求其离开。若接到此通知后返回，则将会被逮捕并监禁，直到有机会被释放。获得总部许可令的不在此列。

　　3. 对于试图访问总部申请贸易许可证的个人，将不予提供通行证。

　　简单来说，"禁止犹太人进入"的命令几乎立即生效了。

　　但是，此"当局"并不像纳粹控制的欧洲或宗教法庭时期的西班牙的某个部门。颁布法令的也不是阿道夫·希特勒，而是尤利西斯·S.格兰特，也就是后来的美国总统。那一年是 1862 年，"当局"是指"田纳西州当局",一个包含田纳西州西部、肯塔基州西部和密西西比州北部的区域。

　　1862年春,当时的联邦军队上将格兰特,在美国内战中取得巨大进展,控制了此前列出的许多区域。他将下一个目标定为南进,盯紧了密西西比州的维克斯堡。但是,他不只负责统领军队。尽管战争不断,南北双方之间还有一些受限制的经济活动;北方可从南方种植园购买棉花。格兰特还负责落实联盟设定的、合法输入北方的棉花量。当时非法的棉花交易猖獗,合法交易比较麻烦;一位历史学家指出,商人们会来格兰特的总部寻求批准。格兰特认为这些商人大部分是想发战争财。12月17日,他决定公开宣布禁止他们进入该区域。但不知道为什么——*Slate*(网络杂志)指出,大多数"走私者和交易者"根本就不是犹太人——就此而言,格兰特的法令针对的是犹太人,且是区域里所有的犹太人。

　　这条法令的效果之所以有限,是受两个因素影响(说它效果有限是指针对犹太人;它在对付走私者方面几乎毫无效果,因为他们大多数没受到法令影响)。首先,由于几小时后,交通线路被南部邦联袭击切断(与法令无关),法令没有立即散布出去;其次,有关法令的消息在全国范围内不胫而走,最终传到林肯总统那里,他命令格兰特废除法令。格兰特于次年的1月18日正式废除法令。然而,在法令实施的当月,区域中的许多犹太人真的无家可归,它激起了全国对反犹太主义的恐惧。*Slate*杂志接着说:"它让根深蒂固的恐惧浮出水面,继《解放黑人奴隶宣言》之后,犹太人可能取代黑人,成为美国最受轻视的少数派。"而且,也许这是第一次,美国犹太人需要公开考虑,要不要投票给对国家有益但对犹太人有害的候选人。

格兰特则声称其本意并不在于反犹太人。尽管法令的条文明显涵盖了所有的犹太人，但当得知非走私者的犹太人流离失所时，格兰特所属的总部还是表现出了一丝惊讶。格兰特后来还声明，他并非毫不审察就起草并匆忙签署了这项法令。但是，在那段时间，格兰特的一些其他言论也将"犹太人"或"以色列人"排除在外。不过，值得称颂的是，格兰特是第一位在任期内出席犹太教礼拜仪式的美国总统。

延伸阅读 _____

格兰特到访的犹太教堂——位于华盛顿特区的阿达斯以色列犹太教堂——还创造了另外一个历史第一。根据官网介绍，那是小马丁·路德·金博士第一次发表演说的美国犹太教堂。

_____

无犹太洁食供应：
当饮食教规与监狱格格不入时

有人说，美国大概住着 500 万到 1000 万犹太人，大约占到总人口的 2.5%。其中有一个较小的附属团体——也许有 100 万人——奉行犹太洁食规则，也就是说，他们从某种程度上遵循一套宗教饮食规则。这套规则涉及许多不同的习俗和教条，关于什么是洁食、什么不是洁食的细则纷繁复杂——由于篇幅有限，此处不便赘述。不过，有几项规则是大多数人认可的：不能吃猪肉或贝类，也不能将牛奶和肉混在一起食用（所以抱歉，没有芝士汉堡）。拉比①将食物神圣化的整个理念则是一个神话。

总体上来说，食物的制作过程是要受到监督的。拉比会监控食物的准备和加工过程，确保不会出现违禁行为。食物准备好发货时，通常会封起口，让终端消费者知道，食物出库后没有经过任何污染。

① 犹太教经师或神职人员。

所以，你可能注意到了，飞机上的洁食餐都有金属箔或塑料包装，而普通的飞机餐供应时，是已经打开了的。

监狱通常比较流行洁食餐，可能也是这个原因。

2013 年春，《犹太前进日报》指出，美国监狱里大约有 2.4 万囚犯吃洁食餐，但在入狱前只有 4000 人认为自己是犹太人。2014 年初，《纽约时报》刊登的一篇文章显示，单在佛罗里达州，就有将近 5000 名囚犯要求吃洁食餐。而在发出此类要求之前，只有一小部分人声称自己是犹太人。在监狱里，洁食餐并不只为有特定宗教信仰的人提供。

媒体报道表明，明显不是犹太人的囚犯之所以更喜欢洁食餐，不仅仅是因为其味道。有人感觉，事先准备好的食物，如果包装起来，吃起来会更安全。一位监狱牧师告诉《纽约时报》，囚犯们通常担心（无论是否理性）"食物可能会以次充好，监狱会使用过期产品，使用的材料不符合美国农业部的标准，处理他们食物的人可能是性犯罪者"。预先包装好的封口食物会减少这一切发生的可能性。

这种食物也因此成为可交易的商品。《犹太前进日报》以加利福尼亚州某座监狱的常规做法为例，指出："保持洁食习惯的囚犯领取一日三餐后，用袋子提回牢房里……囚犯之间经常用洁食餐交换监狱发行的纸币，用于在监狱食堂购买商品。"充满讽刺意味的是，洁食餐的存在，助长了违禁品黑市的运行。

不幸的是，对纳税人而言，洁食餐并不便宜，通常是非洁食餐价格的两到三倍。虽然有些州想揪出投机分子，但实际上很难做到。因为说到底，美国法律和文化通常允许人们自由选择宗教信仰，政府可不会妄加质疑。

延伸阅读

你注意过某些食物包装上有个带圈的 U 吗？那就是洁食的众多认证标志之一。在这种情况下，认证组织是东正教联盟（Orthodox Union），简称 OU——U 外面的圈其实代表字母 O。如果紧挨带圈的 U 的是字母 D，那代表从洁食认证的角度来看，这类食物属于奶制品（Dairy）。如前文所述，信奉洁食规则的犹太人不会将奶制品与肉类混合起来。

真正的最后一餐：
为什么得克萨斯州的死囚犯没有最后一餐

　　1998年6月7日，一个来自得克萨斯州的49岁非洲裔美国人被三个人残忍杀害了。被害人小詹姆斯·伯德活着的时候，被作案人绑住脚踝，系在小卡车后部，拖拽长达3英里。在拖拽过程中，伯德身首异处。无论从州层面，还是从联邦层面，伯德谋杀案都影响了针对这种犯罪——通常被称作"仇恨犯罪"——的立法。三位谋杀者中，有两位被判死刑，一位被判终身监禁且不能假释。被判处死刑的两人中，有一个还被关在死囚牢房。另一个叫劳伦斯·拉塞尔·布鲁尔的，于2011年9月21日被得克萨斯州政府处死。

　　布鲁尔行刑前例行的"最后一餐"，成了得克萨斯州真正意义上的"最后一餐"。

　　作为囚犯临终前的最后一项仪式，死刑犯选择"最后一餐"的传统来源已经无从考究了。但在有死刑的美国大多数州，还允许死刑犯在行刑前享用特殊的一餐（即使不是他们真正意义上的"最后一餐"）。得克萨斯州也不例外，直至布鲁尔吃完他的"最后一餐"。有些虽然是基本的要求，但需要高端的原料。至少有两个人（1984年的罗纳德·克拉克·奥布赖恩和2005年的丹尼斯·巴格韦尔）提出了这样的要求，他们享用了牛排和法式炸薯条大餐。另一些要求则非常奇怪。1990年，詹姆斯·爱德华·史密斯要求用一块泥土做巫毒仪式，为来世在身体上做标记。不过他的要求被拒绝，换成了一杯酸奶。2000年，一个叫奥德尔·巴恩斯的人要求的是"正义、平等和世界和平"。2001年，一个叫杰拉尔德·李·米切尔的谋杀案犯要求州政府提供一袋混合口味的"快乐农场主"牌糖果。这样的要求被批准了。

那么布鲁尔的要求呢？根据《纽约时报》的报道，他要了：

> 两份带肉汁和刀切洋葱的炸鸡排，一个三层培根芝士汉堡，一个裹着碎羊肉、西红柿、洋葱、柿子椒和墨西哥椒的乳酪蛋卷，一碗番茄酱炸秋葵，一磅烤肉配半条白面包，三份墨西哥法士达，一张肉食者比萨，一品托蓝铃冰激凌，一大块带花生碎的花生酱软糖，以及三杯根汁汽水。

州政府花了几百美元，满足了他这几千大卡的一餐。布鲁尔却说他不太饿，根本什么都没吃。

第二天，州立法者让刑事司法部结束了"最后一餐"的传统。一位立法者称，"给死刑犯这样的特权极其不合适。行凶者可没有给受害者这样的特权"。刑事司法部主席表示同意，就结束了这一传统。根据《休斯敦纪事报》的说法，从那以后，"全部犯人的菜单上有什么，最后一餐就包括什么"——不会再为即将行刑者做出特别调整。

延伸阅读 _____

2007 年，田纳西州处决了一个叫菲利普·沃克曼的人。沃克曼对最后一餐的要求是，把一份素食比萨捐给一个无家可归的人（没有特指某个人）。但根据美国有线电视新闻网（CNN）的报道，监狱官员拒绝了他的请求。他们告诉 CNN，"他们不负责慈善募捐"。然而，沃克曼的遗愿又被其他人提出了好多次。根据同一篇 CNN 报道，来自全美国的捐助者自发组织，向纳什维尔地区的收容所捐赠了几百份比萨。

_____

监狱粉：
镇定的颜色

在 20 世纪 60 年代，一位名叫马克斯·吕舍尔的瑞士心理治疗师发明了一个描述人的个性的系统，即现在为人熟知的吕舍尔颜色测试。吕舍尔医生会给测试者八张牌，每一张颜色都不同，有蓝色、黄色、红色、绿色、紫色、棕色、灰色和黑色，让测试者按照从最喜欢到最不喜欢的顺序排列。吕舍尔医生设想，我们对颜色的喜好源于潜意识的自我。他进一步推测，拥有相同个性类型的人会做出类似的颜色排列。

吕舍尔颜色测试的有效性受到了广泛质疑，因为其测试结果与更被认可的别的个性测试的结果不太匹配。从此以后，吕舍尔颜色测试就不经常被使用了。不过，吕舍尔医生的成果开启了其他研究，让人关注颜色在我们精神状态中扮演的角色。

所以，将监狱的牢房涂成粉色可能是个好主意。

20 世纪 70 年代，一位来自华盛顿塔科马的科学家亚历山大·绍斯开始探索，看看一种特定的颜色会不会造成我们的情绪状态变化。在一系列的测试后，他得出结论，有一种特定的粉色调具有镇定效果，能让攻击性过强的人缓和情绪。如果你是网络开发人员，这个颜色的编码是 #FF91AF；如果你从事的是印刷工作，它的色号是 CMYK 0-43-31-0。绍斯明确指出，这种粉色能引起一种重要的生理反应："与其他颜色相比，它对降低心率、平稳脉搏与呼吸的效果显著。"

在 1979 年早期，一家当地的海军监狱验证了绍斯的发现。试验过程比较简单。海军军官按照绍斯的推荐，在一间 18 英尺 × 24 英尺的牢房的墙面上，涂了一层泡泡糖似的、类似佩托比斯摩牌胃药瓶颜色的粉色。囚犯被关进哪一间牢房都有可能，于是一些囚犯就被暂时关在这间粉色牢房里。根据后续报告，试验是有效果的：不仅"在监禁初始阶段没有发生古怪行为或敌对事件"，海军还报道，囚犯在粉墙牢房里关了 15 分钟，离开牢房后，出现了攻击行为明显减少的现象。根据《今日美国》的报道，绍斯表示，在引入粉色牢房前，这家海军惩戒中心平均每天会发生一次攻击工作人员的事件。在那之后呢？接下来的六个月内只出现过一次类似的攻击事件。

根据同意测试其理论的海军惩戒中心两位主任的名字，绍斯将这种颜色命名为"贝克 - 米勒粉"。还有人根据某些小牢房的俗名，将它称为"醉汉营粉"。为此，将醉汉拘留所和监狱的墙面涂成粉色的情况并不少见。但是，还有一个地方，给了它一个不同的名字——和不同的用途。如果你到了艾奥瓦大学金尼克体育场，会发现美式足球客队的墙面、储物箱，甚至是更衣室的小便池，都被涂成了贝克 - 米勒粉。这显然是想让对方球队上场时降低攻击性。

延伸阅读 _____

　　2010 年，使用粉色引发了针对一家南卡罗来纳州监狱的诉讼。不过，被涂成粉色的不是墙面——当囚犯行为不检点时，他们的制服会被涂成粉色。监狱想以此为惩罚手段，让囚犯在同伴面前丢脸。但是，针对监狱的诉讼声称，粉色制服让囚犯成了被袭击的目标。

_____

消失的品红色：
你为什么看不见这种颜色（其实你能看见）

Roy G. Biv。

这不是一个人名，而是一种记住可见光颜色的方法。从另一种意义上说，就是彩虹的颜色——红（Red）、橙（Orange）、黄（Yellow）、绿（Green）、蓝（Blue）、靛（Indigo）、紫（Violet）。我们几乎可以看到介于任意两种颜色之间的所有的颜色……这里的关键词是"几乎"。

唯一的例外是？品红色。你找一张彩虹的照片，就会发现没有品红色。但是，只要不是色盲，我们都能清晰地看见它。这里发生了什么事？

首先，我们聊聊彩虹。光有各种波长，我们人类能看见其中许多不同波长的光。（我们看不到所有波长的光——红外线和紫外线就是两种常见的不可见光，无线电波、X射线和γ射线也如此）。光本身其实是没有颜色的，据艾萨克·牛顿观察："准确地说，射线是没有颜色的，它们只是有一种刺激色彩辨识的力量和倾向"。我们的大脑只是将不同的波长与不同的颜色联系了起来。例如，波长在380纳米到大约450纳米的光被看成深浅不一的紫色。然而，品红色没有对应的关联波长。

相反，当其他信息进入时，我们的大脑"编"出了这个颜色。

我们双眼的感光细胞叫视杆细胞和视锥细胞。即使只有很少的光亮，视杆细胞也能检测到光的存在和数量，但认不出物体的颜色。视锥细胞需要更多光线，才会正常工作，有助于我们辨认颜色。（所以，天黑的时候，我们通常辨认不出物体的颜色。）人类通常有三种视锥细胞，可识别红、蓝、绿。因此，视锥细胞识别的其实都是这三种颜色之一。大脑填补了中间的空白，我们才能"看见"彩虹的其他颜色。例如，当黄色波长进入时，红绿视锥细胞就被激活了。我们的大脑将它解读为"黄色"，香蕉、校车和柠檬就是这种情况。这是说得通的……不信你问问 Roy G. Biv。如果你看红绿之间的位置，你会看见黄色正好在那儿。

红蓝视锥细胞被激活时，会出现品红色。你看看彩虹，就知道这是个问题，因为光谱两端不会相通，红色和蓝色之间就没有"中间地带"。大脑需要处理这一信息，虽然没有明显的原因，但品红色似乎是一个不错的选择。不管怎么说，《科学美国人》的说法印证了牛顿的观察，颜色"都在你大脑中……是大脑中产生的一种感觉"。如果我们无论如何都要编造这些颜色，就没有理由受限于可见光谱中发现的东西了——结果就是品红色。

延伸阅读 ————————

如前所述，当我们的双眼发现黄色波长时，这种光会被红绿视锥细胞捕捉到，并被解读为我们认为的黄色。大多数电脑显示器（以及电视和智能手机屏幕）利用了这个转换过程，跳过了第一步——根本没有使用任何黄色波长（青色、棕色和品红色当然也没有）。显示器显示的所有颜色，其实就是红、蓝、绿光的混合，如果充分放大你的屏幕，你会发现一系列红、蓝、绿点，就是这样——上面只有三种颜色。

————————

蜡笔制模工的秘密：
"多色人"背后的惊人真相

　　1903 年，埃德温·宾尼和艾丽斯·宾尼夫妻俩发明了第一根蜡笔。宾尼先生和他表兄 C. 哈罗德·史密斯拥有一家颜料公司，名叫宾尼与史密斯公司。同年 7 月 10 日，这家公司推出了夫妻俩的新产品——绘儿乐蜡笔。此后的一个多世纪里，这家公司（现正式更名为绘儿乐公司）推出了 400 多种颜色的蜡笔，其中 133 种被纳入 120 色"标准色"蜡笔套盒。（绘儿乐多年来舍弃了 13 种颜色，包括 1990 年淘汰的蓝灰色和 2000 年淘汰的蓟色）。近年来，绘儿乐每年生产 30 亿根蜡笔，自公司成立以来的蜡笔总产量远超 1000 亿根。

　　埃默森·莫泽是蜡笔生产大军的一员，也是一位受雇于绘儿乐的蜡笔制模工——负责将蜡溶液倒入模具中，待溶液渐渐变干，将其塑造成成型且可用的蜡笔。30 多年来，莫泽夜以继日地制作蜡笔。他每天要把蜡溶液倒进模具中大约 100 次，每次制成 2400

根蜡笔。在他的职业生涯中，他制作过大约 14 亿根蜡笔。长春花色或桃红色，赭褐色或深褐色，无论是什么颜色——最后这句话非常重要，颜色根本不重要，因为退休的时候，埃默森·莫泽承认他是色盲。

当然，你可不想这 120 根蜡笔中有一根出自这样有缺陷的人之手。然而，莫泽后来向美联社解释说，他的色盲还是轻的。他最大的问题是决定蓝和绿两种近似色调的不同。（这也许没那么奇怪，比如说，我们许多人真能区分蓝绿和青绿，以及深绿和蕨绿吗？）他告诉记者，1953 年，当医生对他进行常规体检时，发现了他是色盲。不过，"症状非常轻微，如果医生没给我做体检，我也许永远也不会注意到"。

不管怎样，他的工作不涉及给蜡笔贴上正确的标签——模具里的蜡笔变硬后，就被送到另一个区域，进入下一个制作流程。在这种情况下，即使资格最老的蜡笔制模工也区分不出所有的 120 种颜色，公司也会忽略这个奇怪的小小事实。而且，莫泽是一个高级雇员：等到 1990 年退休时，莫泽创造了 14 亿根蜡笔的纪录，比公司其他任何人都高。

延伸阅读 _____

1962 年，绘儿乐将桃红色纳入 48 色套盒。不过，这不是一种新颜色。这个颜色是在 1949 年推出的，当时名叫"鲜肉色"，虽然不是所有孩子的肤色都是桃红色。

更多延伸

　　1996 年 2 月 6 日，绘儿乐官方宣布制作出了第 1000 亿根蜡笔。（这是一个估算——我们没有理由相信，绘儿乐保留了准确的计数。）为了庆祝，公司请来一位特殊的制模工，让他制作一根具有历史意义的蜡笔。不过，这人不是埃默森·莫泽——而是弗雷德·罗杰斯，也就是美国儿童电视节目《罗杰斯先生的邻居》的主持人。

隐形的粉色：
不可能的伪装色

在第二次世界大战中，英国皇家空军用作侦察的是一种小型飞机，名叫超级马林喷火式战斗机。它的飞行海拔很低，通常情况下顶部是暗色，比如绿色。如果敌机从头顶穿过，喷火式战斗机的绿色会跟下面的地面混成一片。

但是，不是所有的都被喷成了绿色，也有一些是粉色。

二战爆发时，还远没有进入间谍卫星、遥控飞机和其他技术进步时期，收集空中情报远没那么容易。对英国人而言，想知道德国人在忙什么，就要飞到高空，拍下照片。皇家空军中的许多人接到过照相侦察的任务。而喷火式战斗机——一种单人操作的小型战斗机——是能够穿过（或避开）德国外围防线的少数飞机之一。但是，穿过防线只是实现最终目标的第一步。喷火式战斗机还要飞过目标区域，拍下照片，再安全地返回。这要求飞行员进行长时间的反侦察工作，最理想的是全程反侦察。

　　皇家空军要求照片侦察部门做些试验，研究怎么实现这个理想情况，尤其是怎样给飞机涂色。在战争期间，喷火式战斗机被涂成各种颜色。在空战中用绿色很正常，而粉色显然行不通——在下方地面的绿色背景或海洋的映衬下，喷火式战斗机几乎立马就能被发现。但是，在执行侦察任务时，背景是天空。

　　那么，皇家空军采用了什么理论？把飞机涂成粉色，与日落、日出和云彩做伴。

　　根据 http://io9.com 网站的介绍，云层为这些飞机充当了绝佳的掩护者。喷火式战斗机会在相对较低的海拔执行任务，尽量贴近云层的底部。在云层的掩映下，敌机和地面部队都很难识别这些飞机。粉色飞机在地面上比较突出，在空中——它们执行任务的地方——被觉察到却要难得多。

　　几乎没人了解这些飞机的信息——涂成粉色的飞机数量、飞机的使用频率等。（考虑到是间谍任务，这似乎也理所当然。）我们知道的是，它们对二战的结果产生了有意义的影响。许多关于粉色战斗机的照片显示，飞机后部涂有黑白条的形状。这些黑白条纹是在诺曼底登陆日之后被加到机身上的，用来表明这架飞机曾用于支持那次成功的行动。

延伸阅读 ＿＿＿＿＿＿

　　战争期间，被涂成"隐形粉"的不只有飞机。东南亚盟军最高统帅路易斯·蒙巴顿发现，一艘保持着战前薰衣草紫的船，似乎从黎明和黄昏的地平线上消失了。蒙巴顿认为，这将为皇家海军创造有利条件，就下令将其他几艘船涂成了接近灰色的暗粉色——现在被称为蒙巴顿粉。其他海军军官也开始将自己指挥的船只涂成这种颜色，由此掀起了一股潮流。不过，这种颜色有没有实际的伪装效果，目前还是未知数——它从未经过任何科学方法的测试。

————

三方比赛：
一场有两支失败球队的"二战"棒球比赛

　　总体算起来，美国棒球名人堂经理乔·麦卡锡和利奥·迪罗谢主宰各自的球队长达 48 个赛季，赢得了远超 4000 场的比赛。他们的执教生涯均在 20 世纪 30 年代晚期到 20 世纪 40 年代。有时候，他们是同城的对手——从 1939 年到 1946 年，麦卡锡执教的是纽约扬基队，迪罗谢带领的是布鲁克林道奇队。尽管当时没有跨联盟比赛，但两人至少有两次在同一个棒球场指导过各自的球队。许多棒球迷知道其中的一场，就是在 1941 年世界职业棒球大赛（World Series）中，麦卡锡的扬基队打败了迪罗谢的道奇队的那场。而另一场大赛就比较特别了，扬基队和道奇队不仅在同一个场馆中，还在同一个休息席中。

　　这是因为他们都是客队。比赛举行地既不是扬基体育场，也不是道奇队的主场埃贝茨棒球场，而是纽约巨人队的主场马球球场。巨人队以主场球队的角色出现，三支球队互为对手，打了棒球史上最奇怪的一场比赛。

那一天是 1944 年 6 月 26 日。对一场非常普通的棒球比赛来说，这似乎是非常普通的一天。但是，这一年的情况与众不同。美国和许多西方国家正陷于二战的困境中。战争的代价是巨大的，几乎每个人都在竭尽全力地支援战争。纽约的体育记者也不例外。美国棒球研究协会（SABR）的一位执笔学者发现，有一批体育记者想出了"三方"比赛的主意——这是从来没发生过的。

规则很简单：这是一场九局的棒球赛，但球队不是轮流上场或击球，而是交替换防。在首局上半局，道奇队对阵扬基队。到首局下半局，两队交换场地。然后，道奇队回到本垒板上，开始第二局上半局。到目前为止还是正常的。不过，投球的球队不是扬基队，而是巨人队。这两支国联（NL）球队在这局对阵。在第三局，道奇队在共用的客队席休息片刻，换成扬基队和巨人队对阵。在接下来的六局中，这种模式还要重复两次。

道奇队以 5 分对扬基队 1 分、巨人队 0 分，最终赢得了比赛。但是，这场表演赛的真正赢家是战时公债项目——超过 5 万人现场观看了这场三方比赛，他们在比赛期间购买了大约价值 650 万美元的战时公债。

延伸阅读 _____

在比赛中，同一个外野手将三个跑者杀出局的情况被称为独立三杀。这是棒球比赛中最罕见的情况之一。截至 2013 赛季美国职业棒球大联盟（MLB），联盟史上只有15场独立三杀。这比投手投出完全比赛（自1900年起出现过21次）或击球手在一场比赛中跑完四垒（出现过16次）的情况还要罕见。

"将死！"：
忘记兑现的百万支票

　　在棒球界，一支球队的第一棒击球员扮演着特别的角色：他要先上垒，最终就位跑垒得分。如果你问一位棒球迷，谁是最伟大的第一棒击球员，他/她几乎肯定会说是里基·亨德森。亨德森在得分垒和盗垒方面都是业界标杆，以在跑垒道上给击球员搞破坏而闻名。

　　他还成功地破坏了奥克兰运动家队的财务部。

　　在 1979 赛季中段，亨德森以 A's（奥克兰运动家队的简称）队员的身份在美国职业棒球大联盟中亮相。在接下来的 10 年中，他为 A's 和扬基队效力，并轻松成为联盟最大的盗垒威胁——10 个赛季中，他有 9 个赛季在这个类别中称霸联盟。

　　在 1990 赛季前，亨德森第一次成为自由球员。当时，这位"盗垒王"已经在职业生涯中赚到了 1000 多万美元。里基（他这样称呼自己）将要从 A's 队获得比这高得多的薪水——4 年合同带来大约 1200 万美元的收入。在这 1200 万美元中，有 100 万美元是预付的签约奖金。A's 队通过支票给他付了款。

100 万美元的支票让亨德森觉得很新鲜。

1990 赛季后，A's 财务部在结算时，发现多出了 100 万美元——他们以为之前那笔款已经付过了，所以银行里不该有这么多钱。一次调查让他们发现了潜在的"罪魁祸首"：不知道为什么，给亨德森开出的 100 万美元支票一直没有兑现。A's 队打电话给里基，问他知不知道是怎么回事。对财务人员来说，幸运的是他知道。

亨德森一直没有兑现支票，而是把它框了起来，挂在了墙上。亨德森后来解释，那张支票在时刻提醒他，他成功了——他是一位百万富翁，他想把它放在每天都能看见的地方。

A's 队让他把支票复印一份，把复本框起来，将支票原件兑现。幸运的是，亨德森同意了。

延伸阅读 _____

  关于亨德森，网上还有许多非常精彩的故事，真实程度不一。例如，跟一些网站的说法不同的是，他从没问过一名队员，开车去多海岛国家——多米尼加共和国要花多长时间。但是，里基真的曾经趴在冰袋上睡着了，也在此过程中冻伤了——伤势让他错过了上场时间。

更多延伸 ——————

　　checkmate（将死）一词来自波斯语 shah mat，意思是"国王无能为力"。

——————

让人退钱：
一个自称是穷人的人如何要回钱

加里住在亚利桑那州菲尼克斯市北 35 号大街 114 号，邮编为 15615。他非常贫穷。他也许不在意我们散布这样的信息，因为他是自愿公布的。或者，更准确地说，他是在钞票上公布的。加里把地址写在钞票上再消费。如果你最后拿到这张钞票，会发现他要求你把钱邮回给他。

这种方法真的有用。

加里所在区域的哥伦比亚广播公司（CBS）分部追踪到他（这并不是很困难），问他是怎么回事。结果发现加里大约 60 岁，是一位失明的退休人员。2003 年，他由于健康问题请了无薪假。这时，他萌生了让人退钱的想法。他用一支红笔在钱包里的每一张 1 美元钞票上方写上"请把钞票还给我"的字样，靠近单词"ONE"的中间区域写上他的地址，最下方会写上"我很贫穷"。

有些钞票真的被退回来了。他平均每天能收到大约 2 美元的退款，偶尔碰到特别慷慨的捐助者，还会额外得到几美元。他几年来一共收到几千美元。他记下收回的所有钞票（没人知道他把这称为应税收入，还是福利收入），以及寄来的地址。有些情况下，退回亚利桑那州的钱来自遥远的澳大利亚。

我们不知道加里姓什么——CBS 分部拒绝公布，我们也不知道这种策略是否合法。《美国法典》第 18 卷第 333 条规定，（除其他事项外）"毁坏"或"涂写"钞票的人，可能要面临长达 6 个月的监禁，除非这人是"为了表明'钞票'不适于再次发行"。加里的意图明显是让花出的钱通过邮件退回来（没错，通过美国邮局邮钱是合法的），不是为了表明这些钞票不适合使用。不管怎样，打从 2013 年冬天起，加里一直没有因为他的"退款"项目而被逮捕。

延伸阅读 _____

钞票流传的频率很高——事实上，根据《国家地理》一份 2009 年的报告，十分之九印有乔治·华盛顿头像的 1 美元钞票已被可卡因污染。在毒品交易中，微量的可卡因渣进入了钞票纤维。钞票被吸毒者用作吸管后，仍要发挥其钞票的作用，回到流通过程中。

来自世界各地的美分：
小额众筹奖学金的大学生

　　大学学费是很贵的，至少在美国是这样。比如说，加利福尼亚大学洛杉矶分校对本州生源住校生每年的收费大约为 3.3 万美元（从 2014 年起）。如果你来自加利福尼亚州以外的地方，就要缴纳走读费，学费将高达 5.6 万多美元。伊利诺伊大学香槟分校也有类似的标价，外州人的基础学费是 3.5 万美元（本州学生不到 2 万美元），还要加上大约 1 万美元的住宿、餐饮和其他费用。也就是说，本州学生每年要花费大约 3 万美元，非本州学生要 4.5 万美元。

　　所以，你就明白为什么伊利诺伊州的人更愿意去伊利诺伊大学香槟分校，而不是加利福尼亚大学洛杉矶分校了。从一开始，他们就节省了大约一半的开支。而且，每年 2.7 万美元的话，4 年就是许多钱。对几乎所有人来说，即便有助学金、奖学金和学生贷款，这也是一大笔开支。1987 年，伊利诺伊大学香槟分校的大一新生迈克·海斯找到一个削减开支的有效方法。他请《芝加哥论坛报》的一位专栏作家帮他找教育资助人——每次捐助 1 美分。

那一年，海斯写信给专栏作家鲍勃·格林，诉说了他的新奇想法。如果海斯能让 280 万人每人捐给他 1 美分，就能完全解决他的学费、住宿费、餐饮费和其他费用了。（如果现在去上伊利诺伊大学香槟分校，那仅够一年的费用。而对海斯来说，那就是全部四年的费用。）

这当然是一个古怪的请求，但也许直击了格林的内心。（由于 14 年前与一名 17 岁的学生发生性接触，格林于 2002 年从《芝加哥论坛报》不光彩地辞职了。一个 CNN 名人评论说，格林"以借专栏作家之名……把女人哄上床而著称"。）1987 年 9 月 6 日，格林写了一篇呼吁行动专栏文章，希望为年轻的海斯先生筹集 280 万枚 1 美分硬币。两人都意识到，这项挑战大概有点可笑：

> 迈克·海斯知道——我也了解——现在真正的困境。

> 现在，专栏文章的每位读者都在想，"这个主意太有趣了，我想，我要捐 1 美分给这孩子"。

> 但是，你们绝大多数人不会这么做。你们会发笑，也许会摇头。如果屋里还有其他人，你大概会跟他 / 她提起这件事。但随后，你就翻过这一页，忘得一干二净。

> 1 美分对你来说不算什么。只是这件事比较麻烦，你要从椅子上站起来，找到一个信封，填上地址，贴上邮票，想着把它投进邮筒。

> 哦……也不是很麻烦。只要去做，就不麻烦。

在文章中，格林写了两遍海斯的邮箱地址。海斯 1991 年毕业时，格林写了一篇后续报道。结果是，海斯的 280 万枚 1 美分的愿望并未达成。他得到的远远少于这个数字——但庆幸的是，他收到了一堆 5 美分、25 美分硬币，甚至一些纸币和支票。来自全美 50个州甚至海外的一笔笔小小的捐款纷至沓来，绝大部分的钱——2.3万美元——是在最初几周集齐的。海斯家乡的邮局局长估计，在短短的时间里，海斯收到了大约 7 万封邮件。也就是说，平均每份捐款是 33 美分，加上另外 22 美分邮费。

最终，他筹到了 2.9 万美元——远远超过他所需的教育费用。对于剩余的 1000 美元，海斯决定这样花掉：

> 迈克打算把多余的 1000 美元送给资助过他的家庭中的某一位值得资助的大学生。"我的做法不会那么严谨，"他说，"我会直接从存下的 9 万封信中随机选择，根据信封上的姓名打电话，问对方家里有没有人需要 1000 美元上大学。我会相信他们——我会等他们告诉我，是不是真的需要这笔钱用于上大学。如果他们不需要，我就抽下一个信封。"

不用数了，就是 10 万枚 1 美分硬币。

延伸阅读 _____

> 在科罗拉多大峡谷底部，住着一个美洲土著部落，叫哈瓦苏派。为了把邮件投递到哈瓦苏派，邮递员必须骑上骡子。根据美国邮局的说法，每头骡子每天要沿着 8 英里的道路，运送大约130 磅的邮件和包裹，每周的总载重约为 4.1 万磅。（在 2013

年年中，邮局终止了这条邮路。）海斯要达到的捐款目标是280 万枚 1 美分，美国邮局大约要花 26 天的时间，才能将这笔钱送到住在大峡谷的大学生手中。

————————

被邮寄的小女孩：
把你女儿送往奶奶家的最便宜的方法（现已非法）

1914 年 2 月 19 日，从爱达荷州格兰杰维尔驶出一列火车，中途经过爱达荷州的另一个城市刘易斯顿——位于格兰杰维尔西北方大约 75 英里处。那一天，火车没遇到什么特别的事情——没有脱轨，没有爆炸，没有抢劫，哪怕 5 分钟的延迟都没有。就像往常一样，火车拉着乘客和邮件，所有人和所有物品都安然抵达目的地。5 岁小女孩夏洛特·梅·皮尔斯托夫从家坐火车去看爷爷奶奶。她下了火车，被毫发无损地送到了奶奶家。

终于，一位政府官员发现了梅这次旅行的问题所在。

问题不在于梅是一个上幼儿园的孩子，在没有父母或其他监护人的陪伴下乘火车——事实上，这似乎根本没什么大不了的。问题是她不是乘客——至少，按通常意义来说不是。一张火车票大概要花费她父母一天的薪水，这似乎不是一个可行的选择。让一个 5 岁小孩像偷渡客那样潜伏在火车里也不是个好办法……除非你是发疯了。皮尔斯托夫夫妇是一对优秀的父母，这一点毋庸置疑。他们其实很聪明，发现了其中的一个漏洞：在梅的外套上贴 53 美分的邮票，就可以把她寄出去。

当时，美国邮局接受 50 磅以下的任何包裹，而梅的体重只有 48.5 磅。也没有任何法规禁止通过邮局寄人——官方也许认为，顾客不会这么做，所以没必要定出这样一条规定。在这种情况下，邮寄女儿的弊端非常小。当然，她必须待在邮政专用间里，但对一个 5 岁孩子来说，这可能很有意思。由于她乘火车没有大人陪伴，这样也可能更安全。

还有一个好处。她到奶奶家的花费不仅更低——相当于今天的 12 美元，而且，作为一个邮件，火车到站时，邮局对孩子的义务还没结束。如果她是普通乘客，爷爷奶奶就得在车站接（或者为她安排后续行程）。这里的情况不是这样。刘易斯顿站当班的邮局职员叫伦纳德·默歇尔，他必须把梅从火车站送到奶奶家，最后他顺利地做到了。

听说皮尔斯托夫的故事后，邮局局长很快就禁止顾客邮寄人了。

延伸阅读

1958 年，一位叫哈里·温斯顿的纽约钻石商将"希望蓝钻石"捐给了史密森学会。钻石重达 45.5 克拉，估值大约 2 亿美元（误差在 5000 万美元上下）。不过，温斯顿不是雇用装甲车将钻石运到史密森学会的，而是把钻石放进盒子里，用棕色的纸包装好，加了145.29 美元的保费，通过美国邮局寄出去的。

每月收到一份成人杂志：
国会为什么能获得免费的男性杂志

如今，垃圾邮件的内容通常是产品目录，展示各种待售的产品，但通常跟性无关。20 世纪 60 年代初期到中期，却不是这种情况。人们打开邮箱，经常会发现不能让 12 岁儿子看的东西（即使他自己真的很想看）。于是在 60 年代末，联邦政府通过了一项法律，希望能解决这个问题（如果你想查看，参见《美国法典》第 39 卷第 3008 条）。根据新规定，但凡"收件人自己判断，收到的是有色情诱导或性挑逗特征的推销广告"，都可以请所在邮局发布"禁令"，也就是说，邮局能阻止发件人寄这种材料给你。

截至 20 世纪 80 年代初期，这项法律都进展顺利。只是有人发出质疑，它侵犯了《美国宪法第一修正案》中规定的寄件人的言论自由权。所以，1983 年末，当《皮条客》杂志的出版人拉里·弗林特未经许可，开始向所有国会成员（535 名）邮寄免费的成人杂志时，许多议员都请邮局发布了"禁令"。到了次年 10 月，264

间国会办公室通过邮局要求停止接收这份免费订阅杂志。

在法律顾问的建议下，弗林特停了下来，然后提起了诉讼。

他的诉讼依据是《第一修正案》，但最终理由不是言论自由权。《第一修正案》还保护公民向政府诉冤请愿的权利。弗林特声称，他在引导国会议员醒悟，睁开双眼看周围的世界。2011 年，他告诉《国会山报》，"摩西给犹太人自由，林肯给奴隶自由，而我只是想给所有神经症患者自由"。

法院支持了他的诉求。

所以，每一个月，每位国会议员都会收到一个普通的马尼拉纸信封，里面装着几十篇讽刺性杂文、政治评论，以及裸女图片。许多办公室会立马把杂志扔进回收箱里。但是，一位匿名的国会雇员告诉《国家期刊》，一些杂志派上了不同的用场，得到了更好的利用：

> 在一段时间里，在经历了最初的震惊和疑惑后，实习生们被安排去保存《皮条客》。我们最终给一名同事送上了一整年的神秘圣诞礼物，然后她会寄给在伊拉克的男朋友。这是国会办公室支援我们部队的最秘密的方法之一。不过，没错，大多数人还是把它们扔出去了。

延伸阅读 _____

拉里·弗林特是法庭的常客，经常因为《第一修正案》问题与他人对簿公堂。但是，他最出名的诉讼是《皮条客》案，涉及法律体系的内部运作(如果你懂法律术语,我说的是属人管辖权)。他败诉了,不太高兴。在败诉后,他一时间犯了藐视法庭的错误。因为,在最高法院的大楼里,在法官还能听见的时候,他说了一句"去他妈的",骂了八位男法官,以及女法官桑德拉·戴·奥康纳(用以 C 打头的、非常冒犯人的一个词)。此后不久,对他的指控被撤销了。

不是下雨，不是雨夹雪，也不是 14 万个坑：成为一辆邮政卡车的坎坷道路

在美国，人们开车靠右行驶。为了更加方便驾驶和拐弯，司机通常坐在车左侧，更靠近道路的中心。然而，对于后面这条规则，还有一个明显的例外。在大多数情况下，邮递员坐在邮车的右侧——他们必须坐在靠近路边的那侧，这样不用下车就能够到邮筒。单是这个特点，就让邮车成为美国最独特的一种机动车。不过，这不是唯一的区别。你在社区附近看到的、缓缓移动的白色厢式卡车，还经历了与众不同的测试过程。

今天最常用的送货上门型邮车是格鲁曼 LLV，LLV 是"长寿车辆"（Long-Life Vehicle）的缩写。它于 20 世纪 80 年代问世，是第一款专为美国邮局制造的车辆——在 LLV 之前，邮局通常会购买各种车辆（通常是多余的军方或政府车辆），尽量改装得适

合邮递员使用。然而，跟几乎所有其他车辆相比，美国邮车的需求量异常大。所以，在 1985 年，美国邮局和格鲁曼公司共同推出了一款车型，满足这些需求。

测试的过程严格而乏味——而且道路坑坑洼洼。根据史密森学会的说法，样车测试会让大多数人出现严重晕车症状。样车必须行驶超过 2800 英里的路程，每过 250 英尺就要停下来（模拟多次邮箱投递的情况）——这大概相当于从纽约开车到洛杉矶，中途停 6 万多次。卡车还要以每小时 30 到 45 英里的速度，开过 1 万多英里的碎石路；再跑 1000 英里的路程，即便车速只有每小时 10 到 15 英里，但路面满是 3 至 4 英寸高的鹅卵石。然后还得经过许多测试坑：样车的四个轮子中，每个轮子都要压过至少 3.5 万个测试坑，车速通常是每小时 10 到 15 英里。

LLV 是由抗腐蚀铝制成的，所以很少生锈。大多数车辆是钢制的，材料比较便宜。不过，大多数车辆也不是为了跟邮车一样持久。格鲁曼于 1987 年开始生产 LLV，以满足美国邮局几年内 10 万到 14 万辆车的订单需求（不同的报道，数据也不同）。结果证明，"长寿车辆"的寿命真的很长。格鲁曼在 1994 年停止生产 LLV，但在美国城市和郊区，这种卡车仍然很常见。也就是说，即使是最新的 LLV，也有 20 多年的寿命了。

不过，LLV 行将退休。不是因为它们不能工作了，或者维护成本太高，而是出于环境方面的考虑。跟 20 世纪 80 年代到 90 年代的大多数车一样，LLV 不太省油。随着时间的推移，它们可能被混合动力车或纯电动车取代。

延伸阅读 ──────

在美国，不要求邮车拥有牌照（通常也没有）。

──────

炮弹飞车：
从纽约开到洛杉矶的最快方式

　　如果你问谷歌地图，从纽约市到洛杉矶郊区的雷东多比奇需要多久，你会发现 2800 英里的旅程开车大约要 44 小时。这还是不间断的旅程——不考虑睡觉、吃饭、上厕所，甚至是加油，当然更不能看风景了。对我们绝大多数人来说，这样大约 44 小时车程的横跨全国的旅行，都是完全没意义的。我们会慢慢开，把旅程拉长到至少四天，也许会接近六天。我们途中会经常停车，把旅途变成一场探险。

　　对埃德·博利安来说，大约 44 小时的旅程也没意思。不过他是为了完全相反的目的，他想大大缩短从曼哈顿到雷东多比奇的时间，确切地说，是缩短至三分之二的时间。

　　1933 年，一个名叫埃德温·贝克的男人——也就是后来为人熟知的"炮弹"贝克——从纽约到洛杉矶花了大约 53.5 小时，在当时轻松创造了纪录。（当时还没建起州际高速公路系统，所以，贝克以平均每小时 50 英里的速度行驶，走的是县级公路和坑坑洼洼的道路。）40 年后，这个纪录依然保持着。这可能已经成为一个浮光掠影的美国传说，几乎被人们遗忘。然而，当 1973 年石油危机重创美国经济时，贝克的旅途再次回到公众的视线中。石油短缺迫使国家推出了法律，将最低时速限制在 55 英里，希望减少对石油的使用。根据美国广播公司新闻网的报道，一群车迷为了表示抗议，组织了一场名为"炮弹飞车"的横跨全国的比赛。

"炮弹飞车"（名称的灵感来自 1981 年的同名电影）不需要赛事组织方，参与者只要从曼哈顿出发，驱车到洛杉矶地区的铂涛菲诺酒店，并保留可供查验的行车轨迹。在过去的大约 40 年间，贝克的纪录被打破许多次。1983 年，两名男子开着法拉利 308，用 32 小时 7 分钟完成了这趟旅程。这项纪录一直到 2006 年才被打破，由一个名叫亚历克斯·罗伊的家伙带队，历时 31 小时 7 分钟完成比赛。

博利安打破了这个时间纪录。

他 2013 年的壮举始于一年半之前购买了奔驰 CL55 AMG。根据 Jalopnik[①]的报道，这辆车是一个不错的起点，但还需要更多准备工作，才能以破纪录的时长，完成一次明显违法的公路旅行。首先，博利安加了两个 22 加仑容量的油箱，将油箱容量扩展到标准的近三倍。他还添加了两个 GPS 设备，确保他随时知道自己在哪儿。（如果有一个坏了，他还有一个备用的。）他做的大部分工作是躲避官方。车上有许多 iPhone 和 iPad 充电器，可以使用帮助躲避速度陷阱的 app（应用程序）；还有一对激光干扰器（他订

---

① 美国一家汽车测评网站。

购的雷达干扰器，商家未能按时制成）、一个后灯切断开关和三个雷达监测器。他还安装了一个民用电台，好通知卡车司机降速，让他能够超过他们——通过无线电伪装成一个卡车司机。

当然，他并非一个人完成这次旅行的。就在出发前几周，他雇了一个副驾驶员；后座还有一个观察员，他的工作是留意警察，计算燃料需求——在这次破纪录尝试的几天前，他才加入团队的。在 2013 年 10 月 19 日，三人从曼哈顿出发了……

……立刻就堵车了。他们花了 15 分钟时间，才离开曼哈顿岛。

不过，从那开始，基本上就一路顺风了。在接下来的 28 小时多一点的时间里，三人加速赶到了大洛杉矶地区，全程平均速度为每小时 98 英里——这可是平均速度！没错，这还包括了加油和上厕所。

延伸阅读 _____

　　2011 年，两个纽约人完成了另一次著名的跨美国旅程——这次的速度较慢，历时六天，耗资数千美元。根据《每日邮报》报道，两人在纽约市拉瓜迪亚机场外叫了辆出租车，跟司机约好，以 5000 美元的折扣价，把他们送到洛杉矶。（如果按表计价，至少要两倍的费用。）为什么呢？因为两名乘客中，有一位是前出租车司机的儿子。他想向父亲证明，其实可以打车到加利福尼亚——他认为，真的完成旅程才是最好的证明。　　_____

快节奏生活：
为什么富人在芬兰不能超速行驶

超速行驶会为你带来一张罚单。在大多数情况下，美国大概要罚 150 美元，欧洲要罚 100 欧元。对许多人来说，这可能跟本月能不能按时支付租金的问题差不多。对其他人而言，这就像毛毛雨，几乎感受不到。

于是，芬兰试图解决这个问题。2001 年，在每小时 50 公里（即每小时 31 英里）限速区内，诺基亚一位收入很高的高管安西·万约基由于车速达到每小时 75 公里（即每小时 47 英里），被罚款 10 万多美元。

1921 年，芬兰采用了一项"日付罚款"法令，适用范围从一般的监禁犯罪，到扔垃圾、轻微交通违法等小过失。芬兰指出，富人和穷人的服刑时间基本相同；服刑人员无论贫富，每在监狱待一天，就失去一天的自由。政府还决定，罚款也遵从类似的形式。从那一年开始，如果有人出现这些违法行为，就要支付一整天的收入——无论是 50 欧元，还是 5 万欧元。与有日付罚款这项法令的其他国家不同的是，芬兰没有设定最高罚款额。

根据英国广播公司（BBC）的报道，对万约基来说，这意味着 11.6 万欧元（其时约合 10.3 万美元）的罚款。2001 年 10 月，他骑摩托车的车速达到每小时 15 英里，超过了最高限速。被逮捕后，根据日罚体系的规定，他被处以相当于 14 天日薪的罚款。但是，万约基的案子有一个不寻常的问题——根据是他在 1999 年申报的收入比普通年份高得多。万约基针对罚款提起了上诉，称他在 1999 年卖出大量股权，因此收入大大提升。到 2001 年，由于他在诺基亚的股权价值大大降低，他的收入也明显减少。法庭支持了他的意见，将罚款减少了 95%。

跟世界大多数地方使用的平均罚款体系相比，虽然日付罚款体系似乎更加公平，但也不乏批评。在 20 世纪 90 年代初期，英格兰和威尔士试用了日付罚款体系。但是，由于罚款与罚款间存在的差异，它受到了外界的普遍反对。（BBC 举了个例子，两人因为打架被罚款，落在富人身上的罚款相当于穷人的 10 倍。）2002 年，美国经济学家史蒂文·兰兹伯格借《华尔街日报》抨击这种体制，抛出了这种体制制造出的一种荒谬结果："如果万约基先生超速行驶时，他的司机坐在副驾驶位，那么罚款额为 10 万美元。而如果他们交换座位，价格就会降到 50 美元。"

延伸阅读 _____

　　芬兰的另一项创新——碗盘沥水橱柜，也就是位于厨房洗碗池上方、底部带孔的碗橱——它的设计是为了让人洗完盘子后不用吹干，直接放进橱柜里。然后，盘子上的水慢慢往下滴，落进下面的水池里。根据维基百科的说法，碗盘沥水橱柜发明于 20 世纪 40 年代中期，被称为"芬兰最重要的千年创新之一"。

_____

罚款与服务：
专职制造骗局的小村庄

　　1947 年，俄亥俄州一个三街区居住区的住户，决定组成一个叫新罗马村的自治市。截至 2000 年，村庄面积扩张了——但只有一点点。它占地面积 0.02 平方英里，根据当年的人口普查，村里住了 60 人。然而，60 人当中，有 14 人是该地区和一条主路的巡逻警察——村领导显然想要安设更多的警察。原因是什么？新罗马村的车辆测速区是俄亥俄州臭名昭著的一大特色，也是这个小村庄的赚钱手段。

　　穿过这一区域的是一条相对繁忙的道路——西布罗德大街。几十年前，它是俄亥俄州首府哥伦布通向外界的主路——直到 20 世纪 50 年代晚期至 60 年代 I-70 州际公路建成——距首府 5 到 10 英里。不过，路上依旧川流不息——新罗马村将这视为摇钱树。西布罗德大街的公开限速标准是每小时 45 英里。但到了 2003 年，穿过新罗马村的这一小部分的限速降低到每小时 35 英里。警力充足的新罗马村警局准备好罚单本，几乎是 24 小时不间断地盯着这个区域，等着限速突然降低而必然造成的超速违规行为。

这个项目非常赚钱。平均每年，新罗马村通过开交通罚单进账的毛收入达到 40 万美元。但是，罚单开得多不是这个村赚钱多的唯一原因——热情执法（似乎该称之为过分热情）也是一个关键因素。几乎所有被罚的司机都住在新罗马村以外，但这阻止不了这个小村庄采取极端手段，落实罚单制度。根据《名车志》报道："一旦停下车，就有人例行公事地问司机在哪儿工作。如果不能按时支付罚单，第二天，新罗马村就会派出一两名警察，出现在你的工作场所。他们会当着你老板的面给你戴上手铐，把你拉去讨论罚单支付问题。"

通常情况下，司机面临的不仅仅是 90 美元的超速罚单。如果你在新罗马村靠边停车，很有可能还要面临一系列违规罚单。装了染色玻璃？罚 105 美元。没有前车牌？再罚 55 美元。你敢不安全变道——可以想象这样的判定会有多主观？再罚 90 美元。总体算下来，你大概要接到十几张违规罚单，警官轻易就能让你背上账单。

对行经这条线路的人来说，好消息是什么呢？测速区已经取消了。就是说，整个新罗马村也消失了——但不是因为滥用交通管制权。1979 年，新罗马村举行了村委会选举，此后就再也没选举过。委员会成员几乎来自同一个家族。他们再相互任命空缺职位，声称市里的其他人对此不感兴趣。另外，俄亥俄州注意到，这个村没给公众提供多少有利服务。大多数服务都是镇、郡或州级别的。基于这些因素，州政府在许多新罗马村村民的抗议下，强制解散了这个村子，命令它并入周围的镇区。

066

延伸阅读 _____

　　2010 年，俄亥俄州最高法院下令，警察不需要用雷达枪判断车辆是否超速——他们只需要靠经验。根据美国广播公司新闻网的一则报道，法院规定，"只要一名警察经过适当的培训……他 / 她对车速的非辅助视觉评估，就足够充当超速指控的证据"。此后，州立法机构很快通过一项法律，要求使用正规的车辆测速设备。

_____

托莱多带:
差点兵戎相见的俄亥俄州和密歇根州

让任何一个大学橄榄球爱好者列出一些对手,他们肯定会列出密歇根州与俄亥俄州长期的、友好的"仇恨"。(好吧,其实没那么友好。)两州一年一度的比赛起源于 1897 年,至今已经经过 100 多场橄榄球赛。美国娱乐与体育节目电视网(ESPN)将这场对决列为体育界的第一大战。

密歇根州和俄亥俄州曾经差点开战——一场真正的战争,有民兵参与,甚至还有刺刀和战马的战争。

俄亥俄在 1803 年成为一个州。两年后,美国政府组建密歇根领地。这是设州之前的一个区域,包含现代的密歇根州、威斯康星州、明尼苏达州、艾奥瓦州,以及南达科他州和北达科他州的一部分。然而,当时的制图技术没有那么精确。地图通常是对该区域最接近真实地理与地势的一种估测。所以,1834 年末或 1835 年初,当真正落到现实中时,实际跟地图有了出入。密歇根和俄亥俄州之间有一块接近 500 平方英里的狭长土地，该区域的主要城市是托莱多，这片区域因而被命名为"托莱多带"。两地立即因此产生了争端。双方都想得到这块土地，尤其是托莱多的位置显然很适合做港口城市。所以，谁是最终的所有者，谁就能享受经济实惠。

1835 年 4 月，安德鲁·杰克逊总统试图避免这场冲突。不幸的是，他本人也卷入了冲突。他让司法部部长调查，从法律上来看，密歇根和俄亥俄州的要求是否合理。但是，他很快发现，俄亥俄州在总统选举中是一个"摇摆州"（现在也是）。他决定，还是满足俄亥俄州人，把托莱多带给他们，希望在 1836 年的选举中，吸引他们把票投给民主党候选人。然而，杰克逊的司法部部长反馈了相反的发现，结论是更应满足密歇根的诉求。杰克逊决定尝试一下迂回战术，要求重新调查一次（期待新调查能把托莱多带并入俄亥俄州）。密歇根直接拒绝了。

双方无法友好解决这个问题，就发兵占领了这个区域——密歇根部队占领一条主河道的一侧，俄亥俄州占领另一侧。庆幸的是，双方没开几枪，大多是对天鸣枪警告。这场长达数月的小冲突中，唯一一场流血事件发生在 1835 年 7 月 15 日。当时，密歇根长官约瑟夫·伍德进入"托莱多带"，想以入侵密歇根土地为由，逮捕俄亥俄州少校本杰明·斯蒂克尼。斯蒂克尼有个儿子叫"二"（这是真的），他用小折刀刺伤了伍德，但伤势并不致命。

在敌意沸腾，战事一触即发时，杰克逊再次试图化解这场冲突。1836 年 6 月，他签署了一项法案，规定在"托莱多带"的归属权上，如果密歇根领地愿意向俄亥俄州做任何让步，它就可以成为一个州。（作为一个交换条件，密歇根将获得现在密歇根上半岛的大部分土地。）密歇根再次拒绝了，战争形势似乎升级了。俄亥俄州批准动用 30 万美元经费组建军队；密歇根领地比俄亥俄州更胜一筹，投入了 31.5 万美元。

最后这个动作结束了"战争"——不是因为密歇根现在的兵力更强，而是因为它的负债更多了。1836 年年末，密歇根领地濒临破产。由于密歇根不是州，没资格获得出售联邦土地的 5% 的佣金，也就是大约 50 万美元。联邦政府当时是预算盈余状态，40 万美元被分配到各个州——但其中还不包括密歇根。

1836 年 12 月 14 日，密歇根接受了杰克逊的条款。次年 1 月，密歇根成为美国第 26 个州。一个月前，在总统选举中，民主党人马丁·范·布伦（跟安德鲁·杰克逊同属民主党）获胜——但不是因为安德鲁·杰克逊在俄亥俄州的努力。俄亥俄州选举代表将票投给了辉格党候选人威廉·亨利·哈里森。

延伸阅读

当马丁·范·布伦赢得大选时，他的竞选伙伴理查德·门特·约翰逊完全从副总统的选举中败下阵来。那一年，有效的选举人票一共有 294 张，想赢得选举的候选人，至少要获得 148 张选票。范·布伦获得 170 张选票，毫无争议地赢得总统选举。来自弗吉尼亚州的 23 位选举人虽然给范·布伦投了票，却拒绝把票投给约翰逊。约翰逊只获得 147 张选票，与最低要求的 148 票只有一票之差。根据美国宪法的要求，副总统选举随后转到参议院那里，最终还是约翰逊当选。

马布尔希尔之战：
美国版苏台德区

　　许多人想到纽约市，都会把关注点放在曼哈顿区上。这是一个小岛，涵盖了帝国大厦、中央公园、纽约中央火车站，以及非本地居民耳熟能详的其他景点。还有另外四个区——布鲁克林区、昆斯区、斯塔滕岛和布朗克斯区，从以上任何一个区到曼哈顿区，你都要过桥或穿隧道。只有马布尔希尔社区是少有的例外之一。它不是曼哈顿岛的一部分——而是与布朗克斯区相连，但是，你要以曼哈顿居民的身份进行选举或打官司。

　　它的历史也能让我们快速了解美国早先对阿道夫·希特勒和纳粹主义的态度。

　　曼哈顿与布朗克斯被哈勒姆河隔开，哈勒姆河连接了哈得孙河与东河。1890 年，距离哈得孙河几千码处，哈勒姆河有一段河道非常窄，航行船只很难穿过去。美国陆军工程兵团决定改道哈勒姆河，往南开出一条更宽的通道。为此，兵团切掉了曼哈顿的一部分——马布尔希尔，将它改造成了一座小岛。1914年1月1日，当州政府划定布朗克斯郡时，还是一座小岛的马布尔希尔隶属于曼哈顿。对各地的制图师而言，不幸的是，哈勒姆河旧道遭到废弃，同年就被填平了。从此以后，马布尔希尔就成为一个属于曼哈顿，却与布朗克斯区相连的社区。

20多年间，似乎没人为此烦恼。然而，1939年，布朗克斯区区长詹姆斯·J. 莱昂斯试图利用这一奇事，为自己进行一些宣传。他来到这个社区——《纽约时报》的说法是他"没带任何武器，只有司机陪着"，登上了一座石山的峰顶，插上了布朗克斯郡的旗帜，象征着这个社区属于他的大区。马布尔希尔的居民嘲笑他时，莱昂斯镇定自若，还把自己比作亚伯拉罕·林肯。他指出，有人不喜欢"正直的亚伯"释放奴隶。

正如莱昂斯期待的那样，新闻媒体对此事很感兴趣。《纽约时报》的这篇文章，刊登了一张他的照片。照片上的他咧嘴大笑，握住山顶石头上的布朗克斯郡旗帜，他的司机兼助理泰然自若地站在旁边。每个人似乎都喜欢这个笑话。但不知道为什么，《纽约时报》没写莱昂斯自比亚伯拉罕·林肯的细节。相反，他们在莱昂斯身上看到另一个人，一个对现代人来说似乎没那么可笑的人：阿道夫·希特勒。

在第二天有关他的"不流血政变"的报道中，《纽约时报》多次随口称他是"布朗克斯元首"。而且，《纽约时报》还将马布尔希尔称为布朗克斯的"苏台德地区"——一年前纳粹分子侵占的捷克斯洛伐克的一个区域。当然，这些都是半开玩笑的话，但显然在1939年春，一家美国主流出版物将美国政治家戏称为阿道夫·希特勒是完全没问题的。

"吞并"马布尔希尔的企图落空了——但对纽约市的地理也没有产生什么持续性的影响。直到今天，这个社区仍是曼哈顿的一部分，但居民们会去布朗克斯上学，还可向布朗克斯申请紧急支援服务。

延伸阅读 _____

在莱昂斯试图侵占马布尔希尔的那天，记者们以为他带来了援军——在这个社区和布朗克斯的交界处附近停着 4 辆坦克。结果证明这是一次巧合。一位有胆量的企业家从政府手中买来 14 辆多余的坦克，要把它们运到南美用作牵引车。其中 10 辆已经运出去了，当莱昂斯和司机企图侵占马布尔希尔时，剩下的 4 辆还停在那儿，没人操纵，也没人管。

_____

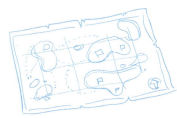

反向制图：
早于城镇的地图

　　从纽约市出发，穿过纽约州的游客——也许要去卡茨基尔山脉的度假胜地，或者是宾厄姆顿大学——可能会在罗斯科餐厅停下来，它位于纽约市西行主干道之一——17 号公路上。它的名气远扬数英里，部分原因是，你在那儿可以吃到非常美味的法式吐司。除此之外，周围什么都没有。罗斯科镇只有大约 900 个居民。（它其实不是真正意义上的镇，而是一个"人口普查指定地点"。）附近的阿格罗镇住户更少：没有一个人住在那里。

　　但这是因为，它就在那儿存在着。

　　如果两家公司为同一区域制图，却只能各自独立完成，那么两张图应使用相同的数据才对。城镇、道路和水体要准确体现出来，否则，司机或其他人使用地图导航肯定会迷路。当然，在选择颜色、字体和线条粗细上可以创新。但是，物体的位置必须是准确的，否则，地图就不起作用了。

所以，第三方很容易就可以开始制作地图了——制图者只要复制任何可信的地图数据，再重制就可以了。从某种程度上说，版权法应该阻止这种行为。但是，直接复制的行为是很难证明的。为了解决这个问题，一些制图者在地图上添了一些假的街道（称为"陷阱街"），甚至是假城镇（通常称为"纸镇"）。任何复制他们作品的第三方，都会复制原图独有的虚构内容。

根据小说家、网络名人约翰·格林的一次 TEDx 演讲，通用制图公司在 1937 年就编了一个阿格罗镇，凭空想出它位于罗斯科镇几英里处的两条泥土路的交叉口。（格林后来在其小说《纸镇》中，就提到过阿格罗这个地址，书名的灵感也来源于此。）几十年后，阿格罗再次出现了。不过，这次的地图制作方是另一家公司——兰德·麦克纳利。通用制图公司认为，他们终于逮到了兰德·麦克纳利公司，但兰德·麦克纳利公司做出了理由充分而惊人的辩护：

信息是郡办事处给他们的。

原来，在 20 世纪 50 年代早期，有人带着通用制图公司的地图去探访阿格罗。他在那儿什么也没看到，觉得机会来了。这个史无记载的家伙也许猜想，其他人也会来阿格罗，期望发现点什么——毕竟，地图上有这里！所以，他开了一家小店，取名为"阿格罗百货商店"。在接下来的 40 年里，虚构的阿格罗镇发展起来了。格林指出，规模最大的时候，阿格罗有一个加油站、一家百货商店和两栋房子。更重要的是，阿格罗受到了郡管理者的关注。他们认为阿格罗是一个真实的地址，所以，兰德·麦克纳利的制图团队也这么认为。

只可惜，阿格罗现在不存在了。那些建筑不是被废弃，就是毁掉了。制图师们也不再承认它的存在。

延伸阅读 _____

　　现在，绕地球运行的卫星中有一个叫 LAGEOS-1，上面有一块已故天文学家卡尔·萨根设计的饰板。这块饰板实际上是个地图，展现了卫星进入轨道后所见到的大陆板块的分布。为什么要设计这个？（由于轨道衰减的存在）LAGEOS-1 有望在大约 800 万年后返回地球。当它返回地球时，这个地图会告诉其发现者它所来自的那个时代的样貌。

_____

非常正式的词：
两个虚构词的极简历史

　　"高尚的灵魂让渺小的人变得伟岸（embiggen）。"杰贝迪阿·斯普林菲尔德曾这样说，他是荷马·辛普森和马芝·辛普森一家居住的小镇的创立者，小镇也以其姓氏被命名为春田镇（Springfield）。这句话中用到的 embiggen，当然根本不是一个词。虽然学校老师胡佛小姐断言这是一个"很不错（cromulent）的词"。（所有人自然不会惊讶，cromulent 也是一个生造词。）有人会说，斯普林菲尔德先生在一场著名演讲中故意逃避（esquivalience）为他的小镇拟订标语，此做法令人失望。说到底，人们会认为，杰贝迪阿对该地区及自己的产业的投入，本该驱使他投入足够的时间，用真实的词汇构思一则名言。但这种情况是不会出现了，因为他创造假词的密度（dord）已经够高的了。

　　没错，esquivalience 也是虚构词，dord 也一样。不过，如果你仔细查词典，两个词都能查到——但两个词的虚构原因很不相同。

　　首先来看dord，它的创造者是G. & C. 梅里亚姆公司（梅里亚姆-韦伯斯特公司的前身）。Dord首次出现在梅里亚姆公司1943年版的《新国际词典》中，充当一个物理与化学名词，意思是密度（density）。这个错误是由当时奇怪的排版方式造成的。这个词条本来是 D or d——大写字母D或小写字母d。这本词典指出，在物理和化学中，两者都可用作density的缩写。但是，词条被输成了"D o r d"，一位后期编辑又去掉了那三个看似不必要的空格。

　　Dord一直出现在后续的版本中。直到1939年，一位校对意识到，这个词缺少一个词源，对它的真实性表示怀疑。其他词典（包括竞争对手）可能复制了旧版词典，把这个词用到了1947年。这可能给esquivalience的诞生带来了灵感。

　　单词esquivalience第一次被发现，是在2001年版的《新牛津美语词典》（首字母缩写为NOAD）中，这个名词的意思是"故意逃避官方职责；逃避责任"。根据《纽约客》的报道，它出自一位名叫克里斯蒂娜·林德伯格的编辑之手。收录这个词的唯一目的，是抓住抄袭《新牛津美语词典》团队成果的人。这是一件非常值得骄傲的事——如果这个词出现在另一个出版物中，《新牛津美语词典》立马就能发现侵权证据。

　　事实也确实如此。这个"词"出现在了Dictionary.com上，注明来源是《韦氏新千年词典》。但是，事情被披露以后，两家都删掉了这个词。牛津团队没有对两家公司采取任何法律行动。

延伸阅读 _____

　　《辛普森一家》于 1989 年问世，随之而来的是荷马经常使用的口头禅"咄"（D'oh!）——另一个生造词的流行。但是，跟 embiggen、cromulent 不同的是，这个词渐渐变成了一种日常用语。2001 年，《牛津英语词典》的编辑们意识到这一点，将 d'oh 添加到了他们的词典里。它的意思是，"意识到事情变糟或没按计划进行，或者有人刚说了蠢话或做了蠢事时，用以表达挫败感"。

_____

畅销榜：
一本买不到的畅销书

　　图书畅销榜的意思不言自明：许多人购买图书，自然就形成了榜单。只要销量足够高，你就能登上榜单，这是很简单的逻辑。当然也有技巧。比如，一本书由于预售成绩好而声名远扬，甚至在上架前就能占据畅销榜。1956 年就曾发生过这样一件事。当时，弗雷德里克·R. 尤因创作的小说《我，浪荡子》（*I, Libertine*）还未出版，就登上了《纽约时报》图书畅销榜。这可是让尤因先生费尽了心机，他不仅之前从来没写过书，而且原来连他这个人都不存在。

　　这样说起来，这本书之前也不存在。

　　这次成功要归功于——或怪罪于——一位叫让·谢泼德的午夜电台主持人。谢泼德最出名的作品可能是故事集《我们只相信上帝，其余人请付现金》，后来被改编成电影《圣诞故事》，并由谢泼德本人担任旁白。由此，他想制造一个恶作剧，证明畅销榜有多蠢。

他让听众去全国的书店，订购前述尤因先生的那本书。他给听众编了一些大概情节，以便店员据此去寻找。这个恶作剧只是为了迷惑一两个书商。谢泼德以为，书店会告诉消费者，根本没有这本书。他曾试图买一本关于旧广播稿的书——显然从来没出版过，书店就是这么跟他说的。

但是，这次不一样。这本书——不存在的书——开始有了自己的生命。据给谢泼德广播秀打进电话的听众说，这本书不存在，图书俱乐部和书评人却都开始讨论它。在随后有关这场恶作剧的一次采访中，谢泼德指出，波士顿的一家教堂已经将这本书加到了禁书列表中，禁止教民读这本书。外界对这本书的关注度极高，许多零售商开始向买家打听，业内专家的眼球也被吸引过来。人气的激增让这本书赢得了各图书畅销榜的关注。也许，更重要的是，巴兰坦图书出版集团出版人伊恩·巴兰坦也开始关注。巴兰坦追查到这本书的神秘起源，并联系上了谢泼德。

巴兰坦、谢泼德和小说家托马斯·斯特金约了顿午餐，讨论将谢泼德的玩笑变成一本真正的书。几个月后，151 页的小说《我，浪荡子》——包括平装和精装——在美国各书店亮相。《华尔街日报》刊登了一篇关于这个恶作剧的头版文章。所以，几乎没有一个听众被糊弄，而且，这本书的收益被无条件用于公益事业。

延伸阅读 _____

《圣诞故事》的拍摄地点现在是一座博物馆，全年向公众开

放。（如果你想去参观的话，它在克利夫兰。）电影的显著特征
是一盏台灯，就像穿网眼袜的女人的腿一样。根据博物馆网站介
绍，台灯是专为电影制作的，一共只生产了三盏，全在电影摄制
的过程中被毁坏了。

——————

大坏蛋:
在《查理和巧克力工厂》消失的孩子

    1964 年,罗尔德·达尔出版了他的第三本书《查理和巧克力工厂》。7 年后的 1971 年,这本书被改编成一部热门电影,名叫《欢乐糖果屋》,主角由吉恩·怀尔德出演。故事内容是,一个名叫查理·巴克特的穷孩子幸运地获得了一张黄金门票,让他和约瑟夫爷爷有机会进入威利·旺卡著名的巧克力工厂。还有四个孩子也得到了门票,加入了此次旅程。

    除了查理,其他孩子一个个地遭受奇怪的命运。肥胖的奥古斯塔斯·格卢普无法克制对巧克力的喜爱,掉进一条巧克力河里,被吸进了管道——要被制成软奶糖。第二位是不停嚼口香糖的维奥莉特·博雷加德,她变成了一个不断膨胀的人形蓝莓,体内充满了蓝莓汁。第三位是不听话的维鲁卡·索尔特。她被认为是个"坏家伙"(在电影里,这个"坏家伙"变成了一只"坏蛋"),最后被送进了一个火炉。第四个孩子人如其名,是看电视上瘾的迈克·蒂维（他的姓 Teavee 在英文中与"电视"同音），最后他在电视转换设备中被缩小了。只有查理逃过了一场可怕的意外。除了查理，其他孩子都伴随着小夜曲的音乐离开了工厂。每当一个孩子失足时，旺卡的仆人、绿发橘脸的奥帕 - 伦帕人就唱歌跳舞，愉快地庆祝起来。

米兰达·皮克——性格古板的学校校长女儿——是第六个孩子。她的故事没有出现在这本书的最终版中。在达尔的原稿中，旺卡设计了一种会让她出疹子的糖果——帮她装病逃课一天。皮克表示拒绝，并与校长父亲冲进制作糖果的房间。根据旺卡的计划，屋里发生了爆炸，皮克和她父亲成了必不可少的配料。"我们偶尔需要用一两位校长，否则效果不好。"旺卡说。

皮克的故事被砍掉了，因为图书出版商认为，这对年轻读者来说太吓人了。但几年后，《泰晤士报》拿到并刊登了这段节选——以奥帕 - 伦帕人的歌告终。你可以在《泰晤士报》官网找到，时间是 2014 年 5 月。

延伸阅读 _____

在《欢乐糖果屋》中扮演查理的演员叫彼得·奥斯图姆。这是他拍的唯一一部电影。他有机会在两部续篇中再演这个角色，但他拒绝了，说扮演的难度大于乐趣。（其实，根本也没有第二部和第三部电影。达尔非常讨厌第一部电影，拒绝将续篇《查理和大玻璃升降机》搬上大银幕。他还没写这个系列的第三部就去世了。）在今后的人生中，奥斯图姆成了一位大型动物兽医，至今还在从事这个工作。

————————

格兰芬多学院的女巫：
如何与哈利·波特成为朋友

　　2000年，当哈利·波特故事的第四本书《哈利·波特与火焰杯》出版时，这个系列已经大获成功。第一本书《哈利·波特与魔法石》（美国版用词是"巫师石"）于1997年夏在英国问世，并被改编成一部电影。《哈利·波特与火焰杯》创造了亚马逊预售的新纪录。波特力克艰难困苦的故事征服了各种粉丝，让这本书人气暴增。其中有一位粉丝是来自多伦多的纳塔莉·麦克唐纳。这个9岁的女孩等不及想听故事的结局——但可悲的是，原因不是她没有耐心。麦克唐纳正处在白血病晚期，必然会在《哈利·波特与火焰杯》上市前去世。

　　她家的朋友安妮·基德尔找到"哈利·波特"系列图书的出版商，让他们把一封信（和传真）转给书的作者 J. K. 罗琳。基德尔的要求很简单：让这个将死的孩子提前试读《哈利·波特与火焰杯》的结局——比全世界其他人早了将近一年，因为，哈利·波特故事"能让纳塔莉从地狱般的白血病中得到暂时的缓解"。否则，纳塔莉可能就欣赏不到这个故事了。请求信到达时，罗琳正在度假。1999 年 8 月 4 日，她通过电子邮件回复了纳塔莉的母亲。邮件中详细介绍了《哈利·波特与火焰杯》中主要角色的命运。这时，距离这本书的正式出版还有 11 个月。不幸的是，在接收到这封邮件的前一天，纳塔莉就去世了。

不过，从那天开始，纳塔莉的母亲瓦莱丽成了罗琳的朋友。为了纪念纳塔莉，罗琳还把她写进了书里——在《哈利·波特与火焰杯》的第 159 页（有的版本在 180 页），介绍了一位名叫纳塔莉·麦克唐纳的年轻女巫。她是霍格沃茨魔法学校的新生，通过分院帽的测试，成了格兰芬多学院的一员。

延伸阅读

也许，罗琳是在传递善意。1995 年，她完成了《哈利·波特与魔法石》的手稿。但在两年的时间里，她收到了 12 封拒稿信，没能找到出版商。1997 年，英国一家小型出版公司决定在这位当时不知名的作者身上碰碰运气。当时，艾丽斯·牛顿读了这本书的第一章，要求公司出版这份手稿，好让她读完剩下的故事。艾丽斯·牛顿是谁？这家公司的总裁 8 岁的女儿。

蓝人军团:
为什么美国内战中的士兵夜里会发光

　　"发光杆菌"（Photorhabdus luminescens）听起来像是一句来自哈利·波特的世界的咒语。它也许是一种能够点亮镜头，或者点燃神秘生物 habdus 的群体。事实上，抛开霍格沃茨魔法学校的男巫和女巫来看，发光杆菌曾让许多人以为是魔法。不信问问美国内战中南部同盟的士兵——尤其是那些在夜里莫名其妙地发光的人。

　　1862 年 4 月，南北双方部队在田纳西州的夏洛对阵。虽然双方均伤亡惨重——各有大约 1700 人死亡、8000 人受伤，但夏洛战役的获胜方显然是北方。南部同盟的医疗人员没有做充分的准备，应对这种伤亡状况。结果，许多受伤的南方人几天都得不到医治。夜晚来临时，一些伤兵还没得到救治，伤口开始发出一种微弱的蓝光，给原本漆黑的战场带来了柔和的光芒。当受伤的士兵最终得到治疗后，许多人表示，相比伤口没有这种超自然光环的士兵，伤口会发光的士兵痊愈得更彻底。

这当然不是一种上天的恩赐。它来自发光杆菌，就是酷小子们嘴里说的一种"会发光的细菌"。这是一种与蛔虫存在共生关系的生物发光型微生物——蛔虫是一种使昆虫受到感染的寄生线虫。蛔虫占领一只昆虫后，最终使昆虫的肠道充满发光杆菌。这种细菌会释放一种可以让昆虫在 48 小时内死亡的毒素，并摧毁昆虫体内的一种酶。然后，蛔虫吃掉液化的昆虫，让大量发光杆菌回到位于蛔虫体内的"家"。

蛔虫——以及发光杆菌——最有可能藏在夏洛战场的泥土里。接下来，这些微生物有可能进入了许多南方伤兵的伤口中，并借助其他条件繁殖。但这需要一点运气，所以只有某些士兵会发光。

根据 Mental Floss 网站的说法，发光杆菌通常无法在人类宿主体内存活，因为我们的体温对它们来说太高了。由于长期暴露在战场的阴雨潮湿环境中，许多士兵得了低体温症。这些士兵的体温降低，给发光杆菌以可乘之机，入侵了伤口——成为一种发蓝光的生物，为战场制造了光亮。

对这些士兵来说，好消息是，发光杆菌传染性没那么强，我们身体的免疫系统通常能处理这种微生物。但在这之前，发光杆菌会像通常帮助蛔虫那样帮助人类宿主。它们产生杀死昆虫的毒素，也杀死了此区域的其他细菌，让发光杆菌及其宿主都免受感染。几乎可以肯定，这个案例就是这种情况，所以会发光的士兵要比普通的士兵恢复得快。

延伸阅读 _____

　　发光杆菌的杀虫毒素基因，是一组英国研究者在 2002 年发现的。他们将这种基因命名为 mcf——make caterpillars floppy（让毛毛虫垮掉）的缩写，因为这种毒素就有这样的效果。

_____

啤酒肚先生：
如何不受地点限制，偶尔酿酿酒

人类身体包含大约 10 万亿细胞——以及大约 100 万亿细菌。这些细菌——自成一派的生命形式——占到我们体重的 2%。事实上，其中大多数细菌独立于人体运作，对我们的健康影响很小，甚至没有影响。一些细菌其实是共生的，有助于食物消化，甚至让我们更聪明（尽管研究结果有争议）。剩下的细菌是有害的，有的可让抑郁症状恶化，另外一些能引发链球菌性咽喉炎等疾病。

还有一些细菌能把我们的胃变成酿酒厂。

哦，至少曾经是这样。

在 2013 年夏末秋初时节，一名烂醉如泥的 61 岁得克萨斯男子走入了急诊室。护士们给他进行了呼吸式酒精测试，发现这位病人的血液酒精水平达到 0.37%（能导致严重损伤）。正常情况下，给他一点时间，他就会清醒过来。但是，这件事有点蹊跷：这名男子之前并没在喝酒。为了确认他没有偷喝过一两杯，医生让他在病房单独待了24小时，在他体内寻找酒的踪迹，但什么也没发现。他跟其他病人得到的食物都一样，同时，医务人员一直在监测他的血液酒精水平。有些人停酒后，吃点东西会清醒过来，这人却醉得更厉害了。他的血液酒精水平升高了12%。

罪魁祸首是一种叫 Saccharomyces cerevisiae 的微生物，也就是俗称的"面包酵母"或"酿酒酵母"。美国国家环境保护局（EPA）指出，通常情况下，这种微生物不仅无害，还特别有用。几个世纪以来，它都被用作面包和酒类的发酵剂。酿酒酵母感染的病例闻所未闻，因为，这种微生物在经过人体时通常不会繁殖。

可是，在这个案例中，一定是有什么地方出了问题。根据美国国家公共电台（NPR）的报道，病人的消化道中出现了大量酿酒酵母。背后的原因还不清楚，但结果引人注目——他得了自动酿酒综合征。这人只要吃了含淀粉的东西——NPR列举的例子包括"面包圈、意大利面，甚至是某些苏打水"，就等于在吃酿酒酵母。这种微生物与碳水化合物发生剧烈反应，释放出的一种副产品就是乙醇。这人是在自己胃里酿啤酒，还因此醉了。

发现这个奇怪现象的两位医生就此话题在《临床医学国际期刊》刊登了一篇论文。但其他人指出，两位医生不仅没进行对照研究，而且只有一个研究对象——多个研究对象才能带来多个数据点。酿酒酵母在男子的胃里扎根，原因目前尚不明确。不过，这种病是可以治疗的——一种叫氟康唑的抗真菌药能消灭这些侵入的微生物。（尽管如此，但抱歉，如果你出去狂饮一夜，氟康唑可能还是没法让你清醒过来。）

延伸阅读 _____

　　对俄勒冈州的人来说，酿酒工艺显然是特别重要的。我们是怎么知道的？因为在 2013 年 5 月，俄勒冈州立法机构通过了一项法律，将酿酒酵母定为该州的官方微生物，以彰显这种微生物在啤酒酿造中的重要作用。（每个州都需要一个官方微生物，对吗？）

_____

喝酒越多，病得越重：
实施禁酒令的邪恶动机

1919年，美国宪法第十八条修正案正式生效；次年年初，《沃尔斯泰德法》一出，标志着禁酒令的开始。制造、运输、贩卖酒类都是违法的，直到1933年第二十一条修正案将其废除。然而，在过渡时期，与饮酒相关的疾病和死亡比较常见。这些疾病是酒店非法经营和走私酒——钻法律空子的两种现象——的副产品，因此，伤者得不到法律救助。

在禁酒令期间，与酒相关的死亡还有一种原因：被美国政府下毒。

由于规定酒精违法，禁酒令为有组织犯罪进入市场创造了巨大机遇。有利可图的私酒运输生意，为阿尔·卡彭及其芝加哥黑帮和其他臭名昭著的犯罪分子创造了经济基础。由于销售一切酒类都是违法的，犯罪分子凭借精明的商业头脑，集中精力在贩卖烈酒上。这种烈酒用（合法的）工业酒精制成，因此存在巨大的利润空间。但问题是：工业酒精基本上是由谷物酒精掺入一两种溶剂制成的，所以是不能饮用的。

非法酿造贩卖者雇来化学家解决问题，并且真的成功了。不久以后，在美国境内的非法酒吧里，由工业酒精非法制成、几乎谈不上好喝的烈酒就开始流通了。

负责实施《沃尔斯泰德法》的财政部想出一个解决方法：他们在混合物中加入了更多毒物。非法酿造贩卖者没法保证所售酒类的绝对饮用安全，但其中许多人是凶残的犯罪分子——他们照旧出售这种烈酒。财政部的计划没能遏制市面上的售酒潮，反而使多达一万人的性命不幸地被夺走了。

延伸阅读 _____

禁酒令使得许多普通公民只能自己酿酒，他们成了"每日一犯"的犯罪分子。杂货店可以出售浓缩葡萄汁——一种本身不含任何酒精的产品。然而，如果经过特殊处理，浓缩葡萄汁会发酵，变成葡萄酒。所以许多浓缩葡萄汁包装上会贴上警告——明确列举了禁止事项，以防人们用浓缩葡萄汁来发酵酿酒。

_____

伏特加与可乐：
如何把可乐走私到苏联

　　1992 年，百事宣布推出一款透明可乐——水晶百事，借助铺天盖地的宣传，希望给软饮界带来一场革命。这款饮料一开始势头不错，甚至刺激可口可乐也出了一款叫 Tab Clear 的透明可乐产品。两款饮料的商业寿命都不是很长。水晶百事于 1993 年年底在美国下架；根据《快公司》杂志的报道，倡导这一观念的一位高管后来承认，这款产品不太好喝。Tab Clear 不管怎样坚持到了 1994 年年中。它的营销让人摸不着头脑——不知道为什么，它只卖罐装的。对主打"无色透明"卖点的一款饮料来说，这是一个奇怪的选择。

　　鉴于这样的失败，有人会认为，大型软饮公司此前从没制造过非焦糖色的可乐。不过，早在水晶百事和 Tab Clear 推出前，就曾经出现过一种不同颜色的可乐，俗称"白可乐"。

　　20世纪40年代，苏联元帅格奥尔基·朱可夫喜欢上了可口可乐。然而，可乐是美国和资本主义的象征。考虑到朱可夫的地位，他不能被人看到喝这种东西。朱可夫通过他的美国同行——马克·W.克拉克将军（克拉克再将问题报告给杜鲁门总统），让可口可乐公司生产一种外观像伏特加的可乐。根据《纽约时报》的报道，通过这种方式，他想什么时候喝可乐就什么时候喝，不用怕被人看见，也不用冒着激怒约瑟夫·斯大林的风险了。（显然，苏联军事领导人喝伏特加是没事的。）可口可乐公司照做了。

多年来，可口可乐公司向朱可夫供应可乐，免去了当时苏联进口的大多数繁文缛节。而在当时的美国，普通消费者还未能接触到这种饮料。

延伸阅读 _____

1990 年，玛氏糖果公司生产了一种其上盖有花生酱的饼干PB Max，最外层包裹着牛奶巧克力。与水晶百事、Tab Clear 一样，PB Max 没坚持很长时间，几年后就不生产了。不过，跟两款可乐不一样的是，PB Max 取得了商业上的成功。为什么它不生产了呢？乔尔·格伦·布伦纳的畅销书《巧克力之王》中记载着，一位匿名高管表示，虽然 PB Max 为玛氏家族的金库贡献巨大，但由于这个家族不喜欢花生酱，就选择将它退出了产品线。（这一点是说得通的；虽然玛氏的 M&M's 花生酱巧克力现在比较常见，但比竞品好时公司的花生酱巧克力 Reese's Pieces 的历史相对要短。）

_____

苏联之外：
淹没在历史长河中的家庭

　　1978 年，在苏联与蒙古边境北部大约 100 英里处的西伯利亚荒野，一组苏联地质学家正在勘探。该区域是一片还未开发的荒野——没有道路，没有电力，没有自来水或水库。跟西伯利亚大多数地区一样，这里也无人居住。所以，地质学家的发现才显得更加令人意想不到。他们在泰加林①飞行时，看见下面有一栋房子。

　　一栋有人住的房子。

　　在彼得大帝当政期间，俄罗斯正教会中有一群人被称为"旧礼仪派"。他们被沙皇政府镇压，许多人往东逃到了西伯利亚边远地区，希望能暂时免于遭受迫害。两个世纪以来，一切都很顺利。但是，当布尔什维克当权时，仅存的少量旧礼仪派散布各地，许多人去了玻利维亚。

---

　　① 泰加林（taiga），指北方针叶林。

　　然而，有一家人继续往西伯利亚深入。直升机飞行员探测地形时，发现的就是这家人。这栋手工制成的木房子摇摇欲坠，被发现时，里面住了一家五口——一位父亲和四个孩子，他们在那儿住了很久很久。1936 年，在兄弟被射杀后，卡尔普·雷科夫带着妻子阿库林娜、两个孩子萨温和纳塔利娅逃跑了。他们在远离人烟的地方开始了一段新生活。20 世纪 40 年代，阿库林娜又生了两个孩子——儿子季米特里和女儿阿加菲娅。（没错，她在泰加林里自己生的。）

　　这家人主要依靠松子、野莓、一些自种的黑麦和土豆活了下来。可是，即便在时运好的时候，这些食物也很匮乏。从 20 世纪50 年代到 60 年代早期，天气与野生动植物似乎非要跟雷科夫一家人作对，他们经历了一场饥荒。阿库林娜在 1961 年死于饥荒。不可思议的是，四个孩子都受过教育，对外部世界相对有些了解。他们甚至知道怎么写字；根据《史密森》学会杂志的报道，母亲教会孩子"用削尖的桦树枝当笔、忍冬花汁当墨"。

　　雷科夫一家在荒原待了 40 年，才遇到另一个人类。当欧洲大部分地区处于战乱中时，雷科夫一家完全不知道有几百万同胞和外国人已经死去。他们完全不知道"冷战"、太空竞赛，以及苏联在科学、文化与政治方面的变革。然而，卡尔普对科技的进步有一股浓厚的兴趣。他发现，有人把像星星一样的"火球"发射到天上——其实是卫星在夜空中移动的场景。

　　1978 年被地质学家发现后，雷科夫一家决定接受外界的一些援助，但仍然选择留在距另一栋人类住所 100 多英里的小木屋里。1981 年，其中的三个孩子——季米特里、萨温和纳塔利娅——去世了，死因各不相同，留下卡尔普和女儿阿加菲娅。卡尔普于

1988 年逝世，当时已经快 90 岁了。截至 2013 年，阿加菲娅仍独自生活在她唯一知道的那个家中。

延伸阅读 _____

彼得大帝真的很讨厌胡子，将其视为向旧历俄国的倒退。他的解决方案是征收"胡须税"。想要留胡子，你就得缴税，否则就要剃掉。为了帮助落实征税，留胡子的男人在缴税后会收到一枚硬币作为收据，以后必须提供收据，才能避免更多的罚款和烦恼。但胡须税存在的时间比较短——胡须税不受欢迎，而且还引起过骚乱，因为许多人既不想缴税，也不想剃须。

_____

空心硬币:
自首的间谍

  1957 年春，一个名叫雷诺·海赫伦的芬兰人走进了位于巴黎的美国大使馆。他的目的是自首，并请求特赦。他正在去莫斯科的路上，但他并不想去。他自称是一个苏联间谍，现在要被召回苏联了——但他想回到美国。在此前的 5 年，他在美国充当克格勃①特工。美国当局花几天时间调查完他的情况后，把他送到了美国。1957 年 5 月，他抵达纽约，受到了美国联邦调查局（FBI）的严密查问。

  在核实海赫伦的身份后，FBI 请他解决一个困扰了他们 4 年的疑团。据 FBI 网站（集合了诸多"著名案例和臭名昭著的罪犯"），有一天，一个报童在日常工作中发现了一枚奇怪的硬币。他把硬币扔到地上，硬币一分为二。它是空心的，里面放了一张微型照片，

---

 ① 克格勃，全称"苏联部长会议国家安全委员会"。

上面列了一串五位数数字。报童觉得有点可疑，就把硬币交给了FBI官员。（毕竟，当时正值"冷战"高峰期。）

　　FBI 十分不解。空心硬币的使用者通常是魔术师，可这枚硬币跟 FBI 和新奇物品店店主所见过的都不一样。它是由两枚硬币的正反面拼接起来的，正面有个大头针粗细的洞，方便目标接收者把硬币弄开。不过，这个洞设计得不易被人察觉，里面没有像魔术道具一样的简易机关。此外，一位新奇物品店店主告诉情报人员，掏空区域小得不能用于任何魔术表演。这似乎是一种编码信息，而目标接收者不是这个报童。

　　对 FBI 来说，好消息是什么呢？根据海赫伦提供的信息，FBI破解了密码。不幸的是，所获的信息用处不大。那是一封来自克格勃的信，收件人是一个在纽约的苏联间谍。信件的内容是欢迎他来美国，并解释了任务的前期细节，包括他可以去哪儿弄到一些钱，在美国开始一段新生活。但是，FBI 没能据此发现发信人或目标接收者。

　　结果证明，联邦调查员们根本没必要去找。进一步调查后，FBI 声称不仅知道了目标接收者是谁，还知道了在哪儿能找到他。说来也巧了，接收者就是海赫伦本人。

　　在海赫伦的持续帮助下，FBI 找到了一个仍住在美国的苏联间谍——鲁道夫·伊万诺维奇·阿贝尔（假名字）。"阿贝尔"被判监禁几十年，最终与一名美国飞行员战俘交换，于 1962 年被送回苏联。

延伸阅读 ————

2010 年，美国当局在两周时间内逮捕了 10 名俄罗斯间谍。大约 10 天后，这些间谍被送回俄罗斯，用于交换在国外被俘的美国人。为什么 FBI 不起诉他们呢？根据 *Slate* 杂志的报道，这样做的话，FBI 就必须向法庭和公众公布间谍使用的手段。这样一来，俄罗斯间谍机构就知道哪些手段不能再继续用了，并相应地做出调整。把间谍送回去能让 FBI 保守住秘密。

————

窃听猫:
最优秀的"冷战"间谍

　　在 20 世纪下半叶的大部分时间,以美国和苏联为首的政治与军事方面的斗争,被称为"冷战"。双方在技术和间谍工作上都不甘示弱。20 世纪 60 年代,美国中央情报局(CIA)发现,技术与间谍的结合可能改变游戏规则。

　　这是什么样的创新呢? 一只叫"窃听猫"的间谍猫。

　　据前中情局特工、后转当作家的维克托·马尔凯蒂介绍,中情局想为一只猫装上天线,以便用于执行间谍任务。中情局像做外科手术一样,在猫体内植入一个电源,在它大脑和耳朵中插入线路。猫耳朵中被装入麦克风,尾巴里装有天线。植入的设备可以决定猫的唤醒和饥饿时间,并抑制这些冲动,让它执行人类的任务——依偎在一些苏联官员身边,窃听他们的对话。整场手术从头到尾花费了政府大约 2000 万美元,开发时间大约为 5 年。

　　根据马尔凯蒂的说法,为了测试窃听猫,一辆巡逻车开向了测试对象，把猫放了下来，让它在没人发现的情况下穿过街道。一辆行驶中的出租车确实没发现，一下子把猫撞死了。

于是，中情局很快决定了放弃间谍猫计划。

延伸阅读 _____

1995 年，美国批准了两个来自弗吉尼亚的发明者的一项专利，叫"训练一只猫的方法"。根据专利号为 5443036 的文件描述，这个方法是用激光棒跟猫玩。这项专利已于 2007 年到期。

_____

猫狗灾难：
宠物主人的危险

　　猫和狗是美国流行的家庭宠物。35% 到 45% 的美国家庭拥有至少一条狗（几种来源的数据各异），有相近比例的家庭拥有至少一只猫。远超 1 亿美国人家中拥有"韦斯克斯"或"菲多"（可能还有更多有趣的名字），为他们带来爱与陪伴。

　　以及一种无所不在的危险。

　　当你跟这类宠物住在一起时，你家地板不全是你的领地。你的小狗很有可能从你脚下跑过去抓球，你的小猫会蜷在地板中间打盹。两种宠物都可能随处乱丢玩具或饭碗。这些外来物或四条腿的朋友在你脚边晃荡，可能把你绊倒，甚至让你摔得很重严。

　　这是一种明显的风险——但是有多严重？可能比你想象的严重。

　　在 21 世纪前 10 年中期，美国疾病防控中心（CDC）的流行病学家们发现，虽然这些宠物"总是在脚下"，但用首席研究者朱迪·史蒂文斯博士的话说，没人试图量化这些相关的危险。史蒂文斯博士及其团队研究了2001年至2006年的急诊室报告。他们发现，在这5年间，超过8.6万次急诊室问诊是宠物或宠物相关因素造成的，这相当于5年间每小时有2次这类问诊。这个数字还不包括不需要外界医疗援助的、不太严重的伤势。这意味着，这种每天司空见惯的事故数量明显较高。

更糟的是，老年群体的严重受伤率高得离谱，大多是擦伤、挫伤或骨折。不过，骨折是最严重的情况，占到急诊数将近80%，最终导致后续的住院治疗。75岁及以上的群体骨折率最高。西卡罗来纳大学心理学教授哈罗德·赫尔佐克博士也养了一只猫，他研究了宠物主人的心理与情绪。面对如此高的骨折率，他开始停下来思考。他告诉《纽约时报》，"如果我们服用的一种药物有这么严重的副作用，我们会考虑在市场上停售这种药物"。

当然，美国疾病防控中心不建议采取任何极端的措施。不过，它建议提高公众的危险意识，关注最可能造成伤害的情况。（谁能想到，我这本书在做公益服务？）由于88%的伤情是养狗造成的，疾控中心随后建议，狗主人要确保爱犬接受美国兽医协会推荐的服从训练。CDC没有进一步建议你换只猫养。

延伸阅读 _____

金鱼是常见的家庭宠物，但外界对金鱼也有一种非常常见的误解。许多人认为，金鱼缺失有意义的长期记忆；还有人说，金鱼只有过去 5 秒的记忆。这是不对的。它们的记忆能追溯到 3 个月以前。如果你每天在固定时间喂食，它们能预测下一次喂食的到来。它们还能学会识别颜色、形状和声音。

————————

品尝狗粮：
你能区分狗粮与猪肝酱吗

　　你走进一家高级餐厅，点了一份猪肝酱。这是一道昂贵的开胃菜，大概几叉子的量就要10到15美元。它的味道可能有点奇怪，但你也不太确定——似乎是因为吃的次数不够多，你的味蕾没法很快认出它的味道和质地。不过，你很享受这道菜，事后还对朋友赞不绝口。

　　即便你知道，它其实可能是狗粮。

　　不对，没有任何新闻报道过，餐厅赚大钱的方式是用88美分一罐的狗吃的肉罐头制成所谓的猪肝酱。但是，根据美国葡萄酒经济学家协会（AAWE）2009年发表的一项研究，餐厅可能真的会钻这个空子。

　　三位研究人员——约翰·博安农、罗宾·戈尔茨坦和亚历克西斯·赫施科维奇——想看看消费者能不能区分豪华餐厅里的高价菜和狗盆里的廉价餐。为了测试，他们招募了18人组成食客团。

（没错，他们仍同意加入。）在食客团试吃几种样品前，研究人员"向被试对象保证，这次经历不会令人作呕"。

为了测试，三位研究人员选了某种纽曼私家狗粮——售价大约为每磅 2 到 3 美元，并要求被试对象试吃五种肉食，即狗粮、猪肝酱、斯帕姆牌午餐肉、肝泥香肠和鸭肝慕斯——均用搅拌机打成慕斯状，并回答两个问题：

1. 是否喜欢这五种神秘肉食；

2. 觉得哪一种是狗粮。

好消息是：很少有人喜欢狗粮。18 个被试对象中，有 13 人觉得它味道很差，把它排在选项的最后一位。所以，餐厅不供应这种食物——至少不对人类供应——是有原因的，没有哪个厨师想背上做猪肝酱难吃的恶名。

但还有坏消息。18 个人里只有 3 个人能认出，盘中的哪一种肉糜是喂小狗的；只有 1 个人确信，那份昂贵的"猪肝酱"显然是不太贵的狗粮。

根据哥伦比亚广播公司的报道，研究人员得出结论："尽管人类不喜欢吃狗粮，但我们还是没法在口感上完全区分它与其他的人类肉食。"

延伸阅读 _____

在未来，狗粮与人类食物可能混在一起，还有一个原因。2014 年 4 月，美国广播公司新闻网报道说，一家叫唯美味（Weruva）

的宠物食品公司开发了一条生产线，对外宣传为"人类食品级的宠物食材"。他们还有一款更著名的产品叫"神户主人"，选用高级神户和牛作为主料，13 盎司罐装售价为 3 到 5 美元。

茄子、大米、鸭肉与狗粮：
最怪电视真人秀的配料

　　当一个演艺人员——至少是成功的艺人——就意味着名利双收。人们知道你的名字后，你作为歌手、舞者、演员的价值或许会一路飙升。这也许就是为什么那么多初出茅庐的演艺人员（还有失败者）愿意上所谓的电视"真人秀"，暴露在无限闪耀却通常会让人出丑的聚光灯下。这个方法有时候是管用的：凯莉·克拉克森、苏珊·鲍尔等都通过真人秀影响了我们的集体文化。

　　1998 年，电视真人秀的机遇叩响了日本喜剧演员"茄子"的大门。"茄子"是一个艺名，他的真名叫浜津智明。他参加了日本节目《别冲！电波少年》的试镜，尤其是其中一个叫"抽奖男孩"的环节。茄子得到了角色，同意了合同条款：那年 1 月份，他要被锁在一间小屋里，直到他抽奖获得价值 100 万日元（约 6 万人民币）的奖品。屋里有一部手机、一把椅子、许多笔和明信片，让他可以填写抽奖信息……其他就没什么了。没有食物（不过，他可能得到过一些营养补充剂），没有床，没有厕纸，没有衣服。作为挑战的一部分，茄子在进屋前必须脱光衣服，赤身裸体，等着门被锁上。不过，他也不是一无所有：茄子可以使用通过抽奖获得的任何东西。

节目制片人告诉茄子，他被单独监禁的生活会被记录下来，如果进展顺利，就改编成一档电视节目。这种说法半真半假。茄子还在被监禁时，他的痛苦生活就被作为周播精彩节目面世了。几个月之内，这样的播放频率甚至都不足以满足观众了。茄子一时间名声大噪，制片人就在互联网上直播他的生活，让全世界都能看到。他几乎一丝不挂，只用一个茄子的形状盖住隐私部位。

监禁的日子很不好过。在前两周，他几乎什么也没赢到，只得到一些果冻，作为第一批真正意义上的食物。几周后，他赢了一袋5磅重的大米。他用一个易拉罐装满水，加入大米后放在加热设备上煮。他又赢了一台电视机，但制片人不想让他知道上电视的事，就没在屋里安装有线电缆或连接天线。在某一刻，他把大米吃完了，开始吃狗粮。不过，不用担心：据现在已经关闭的 Quirky Japan 网站描述，茄子在 1998 年 5 月看医生时，被证实身体健康。

随着时间的推移，奖品越堆越多。Neatorama 网站曝光了一些重要物品：

两台真空吸尘器……四袋大米、西瓜、汽车轮胎、皮带、女士内衣（他在几个月监禁期间获得的唯一的衣服）、四张辣妹组合的电影票（他没法离开公寓去看）、自行车（他没法到外面骑），还有数不清的其他物品，其中包括巧克力、毛绒动物玩具、头戴式耳机、录像带、高尔夫球、一顶帐篷、一盒薯条、一份烤肉和一批鸭肉。

1998 年 12 月，茄子又赢了一袋大米，让他的奖品价值跨过了 100 万日元的门槛。制片人奖励他去趟韩国，在那儿又把他关进一套新公寓，让他把一切再经历一遍。他们要求他依然几近赤裸，直到赢的奖品够兑一张回家的机票。他 3 个月后做到了。

等他回到家，节目制片人又让茄子进入一间密闭的屋子（实际是一个大箱子）。他敬业地再次褪去衣服，等待进一步指示。不幸的是，这次墙面全塌了，把裸体的茄子摆在一众粉丝面前。（这次没有茄子形状的遮盖，他找到一个枕头代替。）他并不认识的这群粉丝，盯着他的一举一动看了几个月。后来，他在监禁期间写的日记被改编成一本非常畅销的书；在他获得自由后，他吃拉面的一段视频被改成了一条广告；当然，他在整个日本都出名了。茄子变得轰动一时。

延伸阅读 _____

如果你觉得疯狂的电视真人秀在日本广受欢迎，那么告诉你，曾有一款火爆的视频游戏使得真人秀的高收视率显得平平无奇。什么游戏？《太空入侵者》。根据《视频游戏终极史》一书的介绍，这款发行于 1978 年的游戏非常流行，竟造成了日本全国 100 日元硬币的短缺，使日本造币厂不得不将硬币的产量提高了两倍。

_____

最热闹的顶楼：
组织鸭子游行仪式的酒店

　　红地毯、顶楼豪华套房、游行圣歌、华丽喷泉等元素总伴随着某种优越感。我们可以想象一个电影场景，女主角从富丽堂皇的酒店顶层出现，吸引到所有人的目光。她身穿深红色的礼服，沿着华丽的楼梯，来到意大利大理石制成的喷水天使雕像前，与自己的男友见面。不过，这通常是想象出来的故事——创作于好莱坞，推向全世界的银幕。然而，在田纳西州孟菲斯市的皮博迪酒店，这却是每天都会上演的剧情。

　　当然了，有一个小小的不同。在场的不只是好莱坞的女明星，还有一群和她一起走红毯的鸭子。

　　没错，就是嘎嘎叫、会划水的鸭子。噢，它们可不是去跟约会对象共进美餐的，而是去游泳的。

　　皮博迪酒店每日群鸭走秀的传统可追溯到几十年前。20世纪30年代，酒店的总经理弗兰克·舒特和一位朋友去阿肯色州打野鸭，但空手而归。当时跟现在一样，猎鸭者会用诱饵吸引潜在目标。现代猎鸭者的诱饵是木制的假鸭子，而舒特和朋友当时还可以用活鸭子。所以，回到孟菲斯市时，他们实际上并未杀掉任何鸭子，却也不完全是空手而归——还带着充当诱饵的活鸭子。根据皮博迪酒店官网的介绍，他们喝了一些杰克·丹尼威士忌后，表现得有点太"仁慈"了。所以，他们觉得，让鸭子去酒店昂贵的喷泉里游个泳很有意思。要知道，这喷泉是一块实心的意大利大理石制成的。

谢天谢地，客人们享受到了其中的幽默感，也愿意看这群超级可爱的家伙游泳嬉戏。酒店主人同意并决定，鸭子应该成为喷泉的永久"客人"。当然，如果你要做荒唐事，最好做得招摇过市。酒店为鸭子们建造了一个家——名叫"皇家鸭子宫殿"，位于酒店的顶楼位置。每一天的上午 11 点钟，酒店就为鸭子铺好红地毯——这是毫不夸张的。鸭子们被人从"宫殿"里领出来，走过暂时铺满红地毯的楼梯，直到下水游泳。此间，客人们一边观看，一边鼓掌。通常情况下，会请一位名人充当鸭子游行的司仪，带着这群特殊的"客人"进入水里。

你在皮博迪酒店的喷泉里能找到鸭子，但在酒店的任何一个餐厅里，你在菜单上都找不到鸭子。1981 年起，皮博迪酒店不再供应鸭肉，宣称这是美国（如果不是全世界的话）唯一一家不供应鸭肉的法国餐厅。

延伸阅读 _____

　　20 世纪初期，木制鸭子取代了活鸭子作为诱饵。到了 20 世纪 70 年代，这些彩绘雕刻成了流行的收藏品，高端的雕刻品利润奇高。在 2007 年初，一只木鸭子拍卖出了 85 万多美元的价格。同年晚些时候，另两起私下交易的价格达到了每件 100 多万美元。

_____

神奇的圣诞传统：
瑞典人每年都要看的一部迪士尼动画特辑

　　1958 年 12 月 19 日，如果你调到美国广播公司新闻网的电视频道，会看到一个名叫《圣诞欢聚》（*From All of Us to All of You*）的迪士尼节目。这档由米老鼠、小蟋蟀吉米尼和小叮当主演的特别节目时长 45 分钟，由迪士尼以往的镜头拼接而成，配上全新的内容，为观众献上了一张虚拟的圣诞贺卡。在后续的几年中，这档节目以不同的形式在美国播放，一直持续到 20 世纪 80 年代早期。从那以后，它就很少在电视上出现了。它曾经发行过 VHS（家用录像系统）格式和激光光盘格式，但从来没出过 DVD。当今的美国人中，几乎很少有人想起看过其中的一版。

　　但如果你是瑞典人呢？那你有可能看过几次。

　　1959 年——《圣诞欢聚》在美国问世一年后，迪士尼在斯堪的纳维亚半岛推出了一系列译制的本地化版本。瑞典的版本叫《唐老鸭和他的朋友祝你圣诞快乐》（*Kalle Anka och hans vänner önskar God Jul*），推出于当年的 12 月 24 日。从那以后，每年都会播放这个长达一小时的改编版。在圣诞前夕的下午 3 点钟，瑞士人调到瑞典 SVT 电视台，享受一段极其古老的片段集合——视频素材来自 20 世纪 20 年代到 50 年代的迪士尼视频。

每一年，几百万人都会这么做。比如，2012 年，380 万瑞典人观看了这部标志性的圣诞特辑，看着唐老鸭嘎嘎叫的样子——在瑞典，唐老鸭比米老鼠受欢迎。在一个总人口大约只有 950 万的国家，这是个庞大的观众群体。这足以让这部圣诞特辑成为瑞典全年第二大受欢迎的节目。圣诞特辑十年中有七次，并连续四年获得这项荣誉。（另外三年呢？有两次排在第三，有一次排在第四。）

观看这部动画不仅是一种传统，还是一种神圣且不可侵犯的仪式。20 世纪 70 年代，当时的 TV1 电视台考虑取消圣诞特辑，但陆续有失望的观众要求，让唐老鸭登上他们的圣诞屏幕，甚至对微小的变化也是不能容忍的。根据 *Slate* 杂志的报道，1982 年，节目制片人决定把短片《公牛费迪南德》（荣获 1939 年的一项奥斯卡金像奖）换成《丑小鸭》。观众被激怒了。第二年，公牛回到了唐老鸭的冬季特别节目中。相比用硬盘录像机看这个节目，瑞典人更愿意通过电视观看，好像圣诞老人会跟唐老鸭一起从烟囱里爬下来一样。这种文化特色的原因尚不明确——有人将它归结为时间因素，因为在 20 世纪 50 年代末 60 年代初，电视机首次进入瑞典的主流视野——但是不管怎样，在瑞典，"圣诞鸭"的意义跟其他任何地方都很不一样。

延伸阅读 _____

在二战期间，为了替战争债券筹集资金，华特·迪士尼公司制作了一部叫《元首的面孔》的动画短片。短片中，唐老鸭是一名纳粹工厂的工人，负责往炮弹上拧螺丝帽。直到最后，唐老鸭当纳粹工人的体验变得越来越差，也越来越荒唐——我们别剧透了，你可以在一些视频网站上找到这段视频。一句话总结就是，唐老鸭一直忠诚于同盟国。这部短片获得了奥斯卡最佳动画短片奖。这是唐老鸭系列动画中，唯一一部获得奥斯卡奖项的。

_____

圣诞老人来了：
美国政府为何要追踪圣诞老人的足迹

　　每到圣诞前夕，全世界的孩子都等着一位访客乘着驯鹿拉的雪橇，从他们家的烟囱爬进来，这位访客也许还会根据当地风俗，采取其他的出行和进门方式。圣诞老人存在于这些孩子的内心深处。他们喜欢密切关注这位穿着红色套装的快乐老人。当然，他们会从十一二月开始，给他在北极的地址写信。不过，他们能做的还有更多。从 1955 年圣诞前夕开始，孩子们打电话给美国军方，询问圣诞老人当前的位置。因为，在那天夜里，总部位于科罗拉多州的北美防空联合司令部会追踪圣诞老人的一举一动。他们还为此创建了一个官网 www.noradsanta.org，甚至制作了圣诞老人在全球发放礼物的假视频。

　　但"追踪"本身无端花费了价值几十亿美元的国防科技和相关人力。毕竟，北美防空联合司令部是"冷战"的产物，目标不是圣诞老人，而是保卫美国和加拿大领空不受苏联侵犯。它怎么做起追踪驯鹿的业务了？很简单：起初是因为一次排印错误，接着是一个想逗乐孩子的好心军官。

1955 年圣诞前夕，西尔斯百货在科罗拉多州科罗拉多泉市的一份报纸上刊登了一则广告，邀请孩子们在"白天或晚上的任何时间"，"直接"拨打圣诞老人的"私人电话"。许多孩子相信了这则广告，第一个拨打电话的是个小女孩。

电话那头的人穿的不是红衣服，用的倒是一部红色电话。广告上的电话号码是错的。根据 Mental Floss 网站的报道，女孩打通的不是西尔斯百货圣诞老人热线，也不是随便一部电话，而是北美防空联合司令部的电话。这个号码拨通的是一部红色紧急电话，通常是预留给五角大楼或其他军方高层拨打的。

负责接听的哈里·舒普上校发现是打错号码，并不是恶作剧后，选择了顺水推舟。他告诉小女孩，他其实就是圣诞老人，并问她过得怎么样（有时，军方成员可以向公民说谎）。两人又多聊了一些——当然是关于饼干和驯鹿的，然后，"圣诞老人"舒普先生和女孩都挂断了电话。

之后，电话再次响起。这次也不是五角大楼打来的。

舒普主动安排其他人假装成圣诞老人，负责接听电话。这种善意的举动在整个北美防空联合司令部引起了共鸣，成为每年的传统。每一年，有几百位志愿者负责接听孩子们的来电（现在又加上了回复电子邮件）。根据赫芬顿邮报新闻网的报道，志愿者会收到一份"包含将近 20 项问答的 11 页工作手册"，问题包括圣诞老人多大岁数（至少 160 岁），圣诞老人撞到过任何东西吗（没有）。

延伸阅读 _____

　　想给圣诞老人写信？你可以写信——也许还能得到答复。1974 年，在收到写给欢乐红衣老人的许多封信后，加拿大邮政蒙特利尔分部决定回信，希望不让孩子们失望。1983 年，加拿大邮政把规划扩展到全国层面，回复所有寄给圣诞老人的信。为了简化流程——考虑到百万封信件，这一点很有必要，加拿大邮政设立了一个特殊的邮件地址。你写信时，地址可以写成"加拿大，北极，圣诞老人收"，邮编是 HOH OHO。

_____

紧急起飞的战斗机:
打"第三次世界大战"的美国战机

古巴导弹危机始于 1962 年 10 月 14 日。当时,美国手上有照片为证,证明古巴有一颗苏联核导弹。在将近两周的时间里,世界核战争一触即发。美国军队保持了高度警惕。双方军队及核武器库都已准备就绪,任意一方采取任意行动都会导致"相互保证毁灭"[①] 的后果。

从 10 月 25 日夜里到第二天早上,战争几近爆发。装有核武器的美国战机被指派升空,拦截即将到来的苏联轰炸机。他们以为,苏联已经开启了第三次世界大战。

当晚半夜时分,一个潜在的入侵者企图进入明尼苏达州德卢斯的一个军事基地。跟其他几个基地一样,这里配有一个大型计算机网络,名叫 SAGE 系统——半自动地面防空系统,它能够搜

① MAD(Mutually Assured Destruction),详见本书第 143 页。

集和调节雷达数据，给军官提供该区域领空的单幅图像。军官们利用这一信息，可以在苏联发动空袭的情况下协调做出反应。如果苏联人进入德卢斯基地并破坏计算机网络，美国军方的部分行动就会失去指挥。

入侵者没有进入德卢斯基地。一个哨兵发现入侵者爬过围栏，就用枪击中了他，让这个破坏者动弹不了。具体原因尚未通报——考虑到当时的全球形势，这是一种谨慎的做法，但警卫确实按响了警报，提示有人想搞破坏。警报系统设计得虽然不能让全美国的基地都听见，却能让该区域内的所有基地听见——毕竟，如果苏联突袭一个基地，其他基地很可能立即遇到危险。正常情况下，警报响的时候，许多基地会对可能的缺口进行安全扫描。

不幸的是，事情出了问题。在威斯康星州的沃尔克场基地，警报线路出了问题。响起的警报不是警示有潜在破坏者的那个，而是警示核武器战斗机升空的那个。这也不是演习——针对这样的高级警报，当时的政策不允许进行演练，以防止造成混乱。沃尔克场基地的人员认为，第三次世界大战已经开始了。更糟糕的是，由于古巴地区活动频繁，美国军方已派核轰炸机巡查，有些相当接近沃尔克场基地。一旦截击机起飞，美国人很可能击落他们自己的核轰炸机——并且是在美国的领土上空。

不过，这些飞机根本就没起飞。大概喷气式战斗机恰好正在做起飞前检查，一位职员从控制中心跑到飞机跑道上，通知他们这是一次错误的警报。不仅沃尔克场基地的警报误响了，而且根本就没有什么破坏者。试图入侵德卢斯基地的不是破坏者，也不是苏联人，甚至都不是人类。

那是一头熊。

延伸阅读 _____

　　2008 年，马其顿的一位养蜂人发现，他的蜂巢被一个未知入侵者袭击了。就像《小熊维尼》剧本中的桥段一样，入侵者其实是一头找蜂蜜的熊。然而，养蜂人希望有人弥补那头熊造成的损失。于是，根据 BBC 的报道，当地政府对那头熊发起了刑事指控，并进行了缺席定罪（官方找不到那头熊，没法逮捕它）。由于熊没有主人，养蜂人从当地政府手中得到了赔偿，总金额大约为 3500 美元。

_____

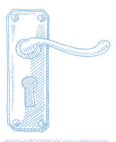

门把手的奥秘：
为什么除了科罗拉多部分地区，
其他地方禁止使用球形门把手

1999 年，美国小企业管理局与司法局达成合作，为小企业提供指导，帮助它们遵守《美国残疾人法案》的要求。建议中有一条是解决"建筑障碍"——限制或妨碍残疾人享受福利或服务的有形设施。需特别指出的一项是球形门把手。抓握和扭动这种门把手对一些人来说并不容易，这就妨碍了他们的进出。2013 年年末，加拿大温哥华效仿它南边的邻居，禁止境内任何新房安装球形门把手。如果你想尊重残疾人，就会换成杠杆式门把手。《科技新时代》杂志表示，它们是"未来的方式"。

只是不要跟科罗拉多州阿斯彭的人说这事。因为在那里的大部分地区，安装球形门把手不仅是被允许的，还是法律要求的。

原因是什么？有熊。

阿斯彭是皮特金县最大的镇，只有不到 9000 名常住居民，构成了大约一半的皮特金县居民——但这里说的是人类。由于该区域存在大片森林，皮特金县还是 5000 到 10000 头黑熊的故乡。

在夏秋月份，这些黑熊为冬眠做准备，每天能吃掉大约两万大卡的食物。它们就餐时，不会那么挑剔。通常情况下，熊会溜到镇上觅食。实际上，人类在遗漏零食方面很在行。阿斯彭政府特别提到，没扣紧的垃圾桶、没清干净的烤肉和喂鸟器都是在公开邀请一头觅食的熊。事实上，从 4 月 15 日到 11 月 15 日——熊的季节，一项城市条例明确禁止居民使用喂鸟器。

从 2010 年夏开始，球形门把手也被写入了控熊条例中。有少量的熊进入了人类家庭和公司里，它们不明白这么做不合适。我们也没法指望熊能知道，破门而入是非法的、不礼貌的。《美国残疾人法案》遵守指南指出，对手不能抓握或扭动的人来说，杠杆式门把手更便于开门。熊没有对生拇指，因此它们开起门来，用杠杆式门把手要比传统的球形门把手容易得多。根据 Sky-Hi 新闻网的报道，皮特金县政府为此通过了一项法律，要求在熊栖息地附近的区域，"所有新房的外门都要安装稳固的球形门把手，而不是杠杆式门把手"。

这条规定当然引来了质疑者和反对者。有人把它视为政府的过激反应，还有人指出，熊通常能毁掉球形门把手，甚至直接把门撞倒。（毕竟，它们是熊。）不过，别担心涉及《美国残疾人法案》的任何问题。Sky-Hi 新闻网确认，"必须满足残疾人使用标准的门例外"。

延伸阅读 _____

许多球形门把手是黄铜或铜制品，你注意到了吗？这是有原因的。这类金属可以对多种家庭细菌进行消毒（但我们还没有一个很好的解释）。在大约 8 小时的周期里，这种材质的门把手会慢慢地进行自我消毒。

_____

战熊：
稀奇的波兰"二战"英雄

1944 年 1 月，欧洲正处于战争的痛苦中，似乎谁也逃脱不了战争的魔掌（也许除了瑞士）。距离罗马大约 80 英里处是卡西诺山修道院，修建历史可追溯至 6 世纪初期。虽然修道院有着较高的战略价值——它位于一座山的顶部，是监视的绝佳位置，但德国人决定不占领这里，可能是出于对历史的尊重。然而，美国情报部门错误地做了相反的决定，让空军将修道院炸成了一片废墟。德军随后空降到了这里。在随后的四个月里，同盟国与轴心国在该区域进行了较量。双方总伤亡人数高达 7.5 万，同盟国最终占了上风。

但是，卡西诺山战役之所以著名，不在于相对较高的伤亡率或美国情报部门的失败。这场战役的另一个特点，是参战同盟部队的多样性。同盟士兵来自美国、英国、新西兰、加拿大、英属印度、波兰，还有一些法国地下军成员、反墨索里尼的意大利人，甚至还有一名士兵来自伊朗。这名伊朗士兵的名字叫沃伊泰克。

沃伊泰克是一头熊。

（没错，是一头真正的熊。）

1942年，一个伊朗男孩发现了年幼的沃伊泰克。男孩把它卖给了波兰军队的一群人，他们当时正在该区域作战——显然，这些士兵想要一只宠物/吉祥物，男孩则想要一些口粮。根据《苏格兰人报》的报道，沃伊泰克很快融入了这群士兵，甚至还抽起了烟。（沃伊泰克不仅抽烟，还会"吃"烟。）当它的同类还待在中东地区时，沃伊泰克已在部队里变得越来越出名。但是，·当英国船只将波兰军队送往意大利时，只有在册士兵和军官才能上船。于是，波兰军队当时做了件似乎不合常理的事情：他们将沃伊泰克征召入伍。它成了波兰第二兵团第22炮兵运补连的一名二等兵。

作为一名士兵，沃伊泰克不再仅仅扮演一只棕色宠物的角色——它必须和战友们住帐篷，并听从任务召唤，投入战斗。作为一头熊，它能做的工作很少。（即使它是一头超级聪明的熊——虽然没有证据显示它很聪明，由于没有对生拇指，它不会开枪。）然而，传说在卡西诺山战役中，它真的派上了用场。沃伊泰克成了一个运输兵——将笨重的大炮箱从补给线运到前线。根据见证人的说法，沃伊泰克表现出色，从没掉过一个箱子。

战争结束后，沃伊泰克在爱丁堡动物园找到了一个固定住所。波兰士兵经常去看它，去的时候会扔给它一支烟——沃伊泰克就会抽起烟来。它活到了22岁，最终在1963年去世。迄今为止，它是世界上已知的唯一的"战斗英熊"。

延伸阅读 _____

　　美国标志物"斯莫基熊"（Smokey Bear）由美国林业局创
作于 1944 年，目的是让公众认识森林火灾的危险（以及了解如
何预防森林火灾）。到 1964 年，"斯莫基熊"收到了大量粉丝
邮件，美国邮局就为它配备了专属的邮编——20252。

_____

冲厕所：
让德国 U 艇暴露的行为

回顾第二次世界大战，英国首相温斯顿·丘吉尔曾写道："战争期间唯一让我害怕过的东西就是凶险的 U 艇。"U 艇——德国潜艇队——在战争中负责大西洋海域巡逻，破坏同盟军的舰队。同盟军军舰上载着部队、物资，以及美国与西欧间流通的其他用品。在战争期间，德军击沉了将近 4000 艘船，造成大约 7.5 万海员和商船船员死亡，主要靠的就是潜艇队。

随着时间的推移，同盟军采取了不同的方式，检测并最终摧毁了这些潜艇。1945 年 4 月 14 日，一艘 U 艇在苏格兰海滩浮出水面后不久，就被没有任何技术优势的英国击沉了——至少，从同盟国的角度来看是这样。

U 艇为什么会在那儿浮出水面？艇上的成员别无选择。

本来不该冲厕所的，有个人冲了厕所。

这不是"搞砸事情"的委婉语——这是实实在在发生过的。

这艘 U 艇非常新——正在进行第一次巡逻（也是最后一次），它有一些新特点。例如，U-1206 上装着一种特殊的厕所，在海平面以下很深处时，潜艇上的人也可以上厕所。但这种厕所不是"忙完自己的事，拉好拉链"那么简单。它的操作——也就是冲水——需要受过训练，而 U 艇上不是每个人都那么训练有素。在深海潜水期间，人们用完厕所后，要找一个经过特殊训练的负责人完成冲水工作。显然，有人忘了这一步。

根据《连线》杂志的报道，这次错误的冲水行为造成了漏水，使得 U 艇厕所下方的电池组进了水。浸满水的电池组开始释放有毒的氯气。U 艇船员如果继续潜在深海，会面临必死的威胁，只好选择潜出水面，将所有气体排出。

船员们还没解决问题，排空一切有毒气体，U 艇就被英国监测到，并很快被皇家空军击沉。潜艇上有 4 人死亡，其他 46 人被英国俘虏。U-1206 注定被永远淹没在北海海底，它的超级厕所也消失在这 200 米深的水底。

延伸阅读

30 多个国家拥有潜艇队（截至 2013 年）。按照潜艇数量排列，俄罗斯、中国和美国都排在前四位。考虑到它们的国家面积、经济和军队情况，这样的排列是有道理的。但是，三个国家都没有排在榜首。排第一的是哪个国家？也许有点奇怪，是朝鲜。

遇到海难时：
为什么让女人和孩子先上船

　　在注定沉入海底的船上，骑士精神会发挥到极致——至少，从"骑士精神"一词的浪漫化意义来看是这样。"女人和孩子优先"是一种战斗口号，即让女人和孩子先上救生船，包括船长在内的男人在必要时要与沉船共进退。这种仪式深深地植根于我们的文化中。在任何涉及此类灾难的故事、虚构作品或非虚构作品中，我们甚至都会期待这种情节。但是，它的出处是什么呢？

　　1852 年，一艘叫"伯肯黑德号"的英国皇家海军护卫舰负责把军队从英格兰和爱尔兰运到南非，参加"科萨人战争"——一场历时几十年、压制当地民族的军事行动。船上还有许多军官的妻子和孩子等；当军官们驻扎海外时，他们被允许一同前往。但是，"伯肯黑德号"永远也无法到达预定目的地了。当绕过西开普省——南非首都开普敦所在的省份，"伯肯黑德号"撞上了一块水下未知的礁石，开始漏水下沉。船长命令士兵把船上的水抽干，但事实很快就证明，"伯肯黑德号"注定会沉入海底。船长改变了他的命令，让会游泳的人跳下大船，登上水上的救生船。每一个人——男人、女人和孩子都一样。连九匹骑兵马也被蒙上眼睛，哄下船，希望它们能自己游泳两英里上岸。

但是，对士兵来说，船长的命令要次于他们的指挥官、陆军中校亚历山大·西顿的。西顿大概担心，疯狂逃离会造成进一步伤害（并对救生船产生威胁）。他命令士兵继续坚持，让女人和孩子登上救生船。几乎所有的士兵都服从命令，站在大船上。当"伯肯黑德号"破碎的船体冲进冰冷的海水中时，他们很有可能面临死亡。"伯肯黑德号"上大约有640人（由于具体记录随船沉掉了，我们没有确切的数字），只有不到200人幸存下来，大多数都是女人和孩子。（对了，满足一下你们的好奇心，九匹马中的八匹也幸存下来了。）

很快，女人和孩子先撤离成了一种海运惯例。但是，在大约十年时间内，"女人和孩子优先！"的说法没有被添至海事惯用语。1912年，"泰坦尼克号"沉没时，这个传统得以贯彻。在这艘注定沉没的船上，将近75%的女人和超过50%的孩子幸存了下来，而活下来的男人只有20%。

延伸阅读

科萨人战争是根据"科萨人"命名的。他们是一群反对英帝国主义的南非原住民。1856年，一个名叫农阿悟斯的科萨少女到养牛场驱赶鸟类。她后来说，她在那儿遇到了三个精灵。他们告诉她，想要击败英国殖民者，科萨人就要杀掉所有牲口，铲除所有的农作物。这个预言传到了农阿悟斯的部落首领那里。首领相信预言是真的，并下令宰杀了大约 30 万头牲畜。这导致了大规模的饥荒，大约四万人因此而死亡。

铅笔测试：
木头加石墨为什么等于种族主义

从 20 世纪 40 年代到 1994 年，南非处于种族隔离状态——人们根据种族划分，白人拥有黑人没有的权利。但是，"白"与"黑"不是划分系统的重点。混血人——被称为"有色人种"——被单独划分成一类。黑人几乎在生活的方方面面受到歧视，有色人种通常比黑人的权利多——但也不可能被视为与白人平等。

"混血人"是一个不容易定义的分类。一个人需要有多少个白种人祖父母或曾祖父母，才能被定义为"白种人"或者"混血人"？我们不仅不该用这种方式划分人种，这个问题本身也几乎无法回答，因为只会得出荒谬的结论。而南非采取了一种荒唐无理的铅笔测试，也就不足为奇了。

根据维基百科的解释，铅笔测试是"评估一个人是否拥有黑人发质的方法"。把一支铅笔插进一个人的头发里，根据铅笔能不能顺利掉落，确定这人的种族分类。如果铅笔掉落，测试者就被认定为白人。如果铅笔卡住，这人就被认定为非白人。如果黑人期待被重新划定为有色人种，也可以接受这种测试。在这种情况下，铅笔插进头发里以后，他会被要求摇晃脑袋。如果铅笔掉落，这人从此就被划定为有色人种；否则的话，他就还是黑人。

即便从它狭隘的种族目的考虑，这项测试的结论也是荒谬的。在此要特别提到桑德拉·莱恩的例子。她本人皮肤黝黑，但亲生父母是一对白人（祖上至少三代都是白人）。20世纪60年代中期，当时十岁的莱恩接受了铅笔测试，决定她"真实"的种族。当铅笔卡在她头发中时，她被划定为有色人种，并因此被她的（白人）学校开除。尽管桑德拉父亲坚持说这是他女儿，亲子鉴定的结果也可以支持他的观点，但莱恩一家人从此被白人社区驱逐。

铅笔测试一直延续到20世纪90年代。直到1994年种族隔离制度崩塌，铅笔测试才正式落入南非历史的灰烬中。

延伸阅读 _____

南非怎么对待亚裔人？这取决于一个人的国籍。20世纪60年代，日本人被视为"荣誉白人"，南非似乎希望借此鼓励两国之间的贸易来往。因为在南非，白人不允许与非白人来往。然而，在许多年里，其他大多数亚洲人没有得到同样的分类。比如说，在1984年以前，中国人并未被视为"荣誉白人"。

铅笔上的禁毒语：
削铅笔带来的副作用

　　美国"禁毒战争"在20世纪70年代初悄悄打响。1970年10月27日，美国国会通过了《综合药物滥用预防和控制法》。第二年，美国成瘾立法机构的两个成员发布了一项报告，称在越南服役的军人有10%到15%是海洛因成瘾者。在一场新闻发布会上，理查德·尼克松总统回应说，毒品滥用是"美国的头号公敌"——从此以后，总统们和政治家们纷纷响应。

　　禁毒战争的主要特点是惩处，还包括禁毒宣传，尤其是针对青少年和儿童。数不清的公益广告、海报和媒体都为此努力。到20世纪90年代末期，一个组织尝试了一种新的宣传方式——将宣传语印到学校中无处不在的2号铅笔侧面。

　　这个创意似乎很容易实现：把"聪明人不沾染毒品"（Too Cool to Do Drugs）的口号印到铅笔上，每一支只要10美分的便宜的写字工具就变成了一种禁毒宣传工具。

　　孩子们随后开始使用它们——这里说的是铅笔，不是毒品。

　　使用 2 号铅笔的过程中，免不了要削铅笔。削的次数越多，铅笔变得越短，有时只剩下一个笔头和连接粉色小橡皮的金属套圈。通常情况下，这不是什么问题。可是，在我们的案例中，这是一个特别严重的问题。由于特殊的印制方式，孩子们使用铅笔的同时，口号也改变了。"聪明人不沾染毒品"很快变成了"聪明人沾染毒品"（Cool to Do Drugs），再然后只剩下"沾染毒品"（Do Drugs）。

　　纽约地区某学校的一个十岁孩子意识到这个问题后，赞助铅笔生产的危机儿童救助局召回了这批定制铅笔。该部门不再发售有问题的铅笔，而是调整了口号的印刷位置。这样一来，铅笔削短之后，剩下的文字变成了"聪明人"（Too Cool）。

延伸阅读 _____

　　连接橡皮和 2 号铅笔小笔头的小金属套圈是什么？它有一个名字叫金属包箍。

_____

熊猫外交：
中国可爱国宝的租赁生意

　　2013 年 8 月 23 日，在美国华盛顿特区的国家动物园里，一只名叫美香的大熊猫产下一只幼崽，引发了全世界的关注。大熊猫是一个濒临灭绝的物种，圈养大熊猫只有几百只，野生大熊猫大约有 2000 只。大部分圈养大熊猫（和所有野生大熊猫）都生活在中国。但是，如果你想去其他地方看，世界上许多动物园都有一些。在美国，国家动物园现在有三只，亚特兰大动物园有三只，圣迭戈动物园有三只。加拿大、奥地利、西班牙、澳大利亚、新加坡和其他六七个国家的动物园里也有大熊猫。

　　然而，这些大熊猫并不是真的住在那里——至少不是永久居住，而更像是在度假。美香等大熊猫的所有权都属于中国，它们正在参与一个合算的熊猫租赁项目。

　　最开始，中国把熊猫送给其他国家——不附加任何条件。从20 世纪 50 年代开始，中国政府把大熊猫送给世界各地的政府，借助大熊猫的人气（和可爱）与其他国家交好。例如，1972 年，为了感谢理查德·尼克松总统的历史性访问，中国把两只大熊猫送给了美国（这标志着两国的关系正常化）。第一夫人帕特·尼克松把两只大熊猫——玲玲和兴兴——送进了国家动物园。这个项目非常成功。其他国家也向中国索要大熊猫——其中许多国家跟中国尚未建立一点关系。不过，1984 年，中国不再免费赠送大熊猫，而是开始对外租赁大熊猫。

根据中国修订后的方案，这些动物园只能租赁大熊猫十年时间。（有证据表明，租期是可以更新的。）美国国家公共电台指出，现在在中国以外的圈养大熊猫都出生在 1984 年方案变化后，因此，"中国以外的大熊猫其实都是从中国租赁的"。租赁一只大熊猫每年需要向中国野生动物保护协会支付 100 万美元。也许，最引人注目的是，租赁协议要求，租赁大熊猫生产的任何幼崽都要送回中国。因此，美香的幼崽会在小时候被送回中国。不过，好消息是，这只幼崽将与它的兄弟泰山团聚。泰山是美香在 2005 年生下的幼崽，于 2010 年被送回中国。

延伸阅读 _____

大熊猫是怎么从中国运到海外，然后再回来的呢？根据联邦快递与中国政府的一项特殊协议，它们通过飞机运输，运输机侧面印有一只吃竹子的大熊猫，而大熊猫待在一个侧边透明的板条箱里。

_____

白宫里的疯子：
被理查德·尼克松疯狂理论阻止的核战争

在"冷战"的大部分时间里，有几个字支配着军事战略背后的博弈论结果：相互保证毁灭战略。在任何时候，美国及其北约盟国都可以向苏联齐射核导弹，在此过程中摧毁俄罗斯人。不过，苏联人也可以对西方势力做同样的事情。任何一方采取行动，另一方就会有充足的时间反应。谁先发射不要紧，因为到最后，我们都会遭受同样的命运。

这正是理查德·尼克松期待的。

1969 年 10 月 10 日，美国军方奉命备战。35 年后，《波士顿环球报》将这样描述："核武装战斗机被分配到民用机场，发射导弹倒计时程序启动，导弹潜艇开始分散，远程轰炸机开始瞄准目标。"美国军队准备发动第三次世界大战。

但这次美国可没能成功登上头条。全美国更感兴趣的是，纽约大都会队在世界职业棒球大赛中最终战胜巴尔的摩金莺队。普通公民几乎不知道战争一触即发。对相关的军人来说，也是这种情况。人们几乎不了解事件背景——美国没有采取任何有意义的激励方式，让人们进入戒备状态，指挥链上也没有体现出这种剑拔弩张的情况。

然后，情况甚至变得更加疯狂了。10月27日，美国战略空军司令部出动了带热核弹头的轰炸机，命令它们飞越阿拉斯加到苏联。三天时间里，轰炸机在苏联领空外围的北极地区盘旋，等待进一步的指令。在美国，很少有人——几乎没有平民——知道这是怎么回事，但它确实引起了莫斯科当权者的注意。

尼克松的策略是想让苏联人认为他疯了，他的战略后来被称为"疯子理论"。这种理论基于这样一种观点：即使是苏联最轻微的挑衅，都会让尼克松勃然大怒，向苏联射出核武器，而不是对后果摆出一副"你知道吧？"的样子。尼克松推测，如果苏联相信他的非理性，苏联侵略的概率将会大大降低。

"疯子理论"面临的不可能是好结局。在1969年的大部分时间里，苏联和中国都处于边界争端中，中苏关系不断恶化的情况达到了高潮。而在当年9月，早期冲突结束时，划定两国边界的谈判再次升温。这与尼克松假装发疯的时间大约相同。更有可能的是，苏联领导人没按照尼克松的期待，将美国轰炸机视为其精神错乱的证据，而是将其视为支持中国的一个战略决定——以防两个社会主义国家发生战争。

延伸阅读 _____

　　在理查德·尼克松当政前，入驻白宫的是林登·贝恩斯·约翰逊。他可能更善于"骗人"。根据国家公园管理局的说法，约翰逊会开着他的蓝色轿车，带客人四处兜风。他一边冲向山下的湖边，一边尖叫说刹车失灵了，他和车上乘客要遇到大麻烦了。但他这是在捉弄客人——这辆蓝车是一辆德国制造的水陆两用车，可以浮在水面上。

_____

独自游泳：
没有倾诉对象的鲸鱼

鲸鱼——尤其是座头鲸——是会说话的。它们的语言不像我们人类一样，能做到发音清楚。不过，一些鲸鱼能发出接近唱歌的声音，比如前面提到的座头鲸。相关的科学界普遍认为，这些物种成员是靠声音相互交流的。

然而，有一头鲸鱼被称为52赫兹鲸鱼，它永远都是孤独的。

大多数鲸鱼的声音频率在15到25赫兹间。但是（据我们所知），52赫兹鲸鱼反常地用高许多的频率发声。不幸的是，对这头52赫兹鲸鱼来说，频率上的巨大差异意味着，它无法与海洋中的其他鲸鱼交流。

伍兹霍尔海洋研究所（WHOI）的科学家一直在跟踪鲸鱼的位置。自1992年，他们就开始采用水听器——原本是用来追踪潜艇运动的一系列水下监听设备。当团队发现这头鲸鱼时，成员们感到惊讶。根据《纽约时报》的报道："它的声音特征显然属于一头鲸鱼，却不像体型巨大的蓝鲸、第二大品种长须鲸，以及其他任何鲸鱼发出的正常声音。"WHOI 一位研究鲸鱼的海洋生物学家也这么说。此外，WHOI 团队认为，这头鲸鱼的身体非常健康。他们指出，一个身体不健康的生物极不可能独居十多年——就像这头 52 赫兹鲸鱼一样。

它的独居生活还体现在奇怪的迁徙方式。52 赫兹鲸鱼通常会游到太平洋沿岸的墨西哥、美国和加拿大，进入阿拉斯加湾，但不再向北行进。根据《阿拉斯加递信报》的报道，灰鲸迁徙的路线大致固定，但也会到北边更远处觅食，而 52 赫兹鲸鱼从来没有抵达过聚食场，所以不太可能在此之列。2012 年 1 月，它最后一次被侦测到在阿拉斯加南部，像以往一样孤独。

事实上，我们不知道 52 赫兹鲸鱼是什么品种。一些人认为，它独自成为一个品种——也许是某个品种的最后一头鲸鱼，而 WHOI 认为不是这样的。WHOI 的鲸类学家认为，它只是一头罕见的、独特的座头鲸。

延伸阅读 _____

蓝鲸是世界上最大的动物。它体格巨大，光舌头就重三吨左右。相比之下，陆地上最大的动物非洲象重六吨左右——这里指的是整只象，不是只有舌头。

_____

漫步海湾：
"9·11" 对鲸群的奇怪效果

加拿大芬迪湾位于北美洲东海岸，夹在美国缅因州和加拿大的新不伦瑞克省、新斯科舍省之间。至少平时，它是大量船只与热门港口的共同家园。不过，2001年9月11日不是一个普通的日子。一场针对美国的袭击造成该区域的海上交通缓慢。因为，官方急于确保船只安全、乘客安全和货物安全。缓行持续了几天，无意间为科学研究创造了独特环境。

例如，它帮助研究人员发现，鲸鱼是真的会感到紧张。

对几种鲸鱼来说，芬迪湾是一个季节性的聚食场。这些鲸鱼的数量在夏季到秋初会迅速上升。作为一个相对封闭的水体，芬迪湾自然有助于人们研究这些生物。2001年9月，两个研究团队在该区域各自进行了鲸鱼实验。其中一支团队搜集鲸鱼唱歌的记录，深入了解鲸鱼的交流方式。另一支团队搜集鲸鱼排泄物——尽管令人恶心，通过评估粪便样本中不同激素的水平，我们能了解更多关于鲸鱼饮食和营养的信息。（我们这么做是为了促进科学进步。）

在"9·11"事件发生将近十年后，波士顿的新英格兰水族馆的科学家注意到，这两次实验提供了一次难得的机会。根据《纽约时报》的报道，我们多年来的认识是，鲸鱼"可以与低频率的声波，也就是船上许多噪音的范围，进行交流"，并且"鲸鱼会离开，压低自己的叫声，对船上的噪音进行回应"。一些研究人员认为，鲸鱼之所以离开，是因为船上的噪音给它们带来了压力，但也没有好办法来验证这一理论。难以置信的是，"9·11"的数据为这个问题带来了一个难得的见解。

鲸鱼有压力时，会释放一种激素，最终通过粪便排出来。由于研究人员是在"9·11"当天及前后搜集的粪便，科学界获取了相关数据，了解了芬迪湾鲸鱼当时的相对压力水平。结果显示，在袭击发生后的几天，鲸鱼变得非常放松——至少比袭击前的几天要放松。

在同一时期，我们还有芬迪湾当周的低频率声波信号量——这里的"当周"指"9·11"事件前后。我们已经知道，船只几乎停了下来。所以，水下噪音大大下降，也是不足为奇的。因而如果你是鲸鱼，那你相对来说也会越平静。

不过，鲸鱼的压力水平是否重要，变得更难判定了。由于实验条件是偶然的，研究人员无法将实验重复。根据美联社的报道，其中一位研究人员指出，"在鲸群受到影响前，能忍受噪音带来的多少慢性压力，目前还不清楚。这主要是因为，无法对50吨的动物进行对照实验"。所以，我们目前可能还会继续让鲸鱼感到压力。

延伸阅读 _____

　　大学生的生活压力也很大，尤其是接近期末时。有一些学校想出了一个可爱的解决方案——利用宠物。学校会引入受过训练的动物，帮学生减少一些焦虑情绪。

_____

享受安静：
让你更开心的手机谎言

你正用手机聊天。突然，你意识到，对方出奇地安静——太安静了。"还在吗？"你无助地问空气，仿佛已经知道答案了。不仅另一个人不说话了，你的电话也断了。

再说一遍，你已经知道了，但你是怎么知道的呢？

答案是：手机供应商骗了你。（不过，是以善意的方式。）

当我们面对面与人谈话时，整个环境很少会完全安静下来——虽然确实有这种时候，也许是空调正在运行，或是鸟儿在喳喳叫，或者有人在办公桌上轻轻翻文件。不过，这些微小的背景声音没有打断我们的谈话。我们在潜意识中对它们有预期（总的来说，它们被称为"白噪声"）。它们向大脑传递的信号是一切正常。然而，非面对面的交流——尤其是通过手机和无线电——是没有这种白噪声的。我们坐立的区域里当然是有背景声音的，但当电话另一头位于另一个区域时，这种背景声音对我们没有多大用处。

所以我们就伪造这种噪声。或者，更确切地说，手机公司会添加所谓的"舒适噪声"。维基百科将其定义为"无线电和无线通信中使用的、填补人为沉默的合成背景噪声"。这不是很容易提供的东西。我们在手机上听到的声音只是数据位转换的，传输数据会占用带宽。对真实对话和舒适噪声来说，也同样如此。所以，很多公司都在优化这种有益的状态。

不，消除舒适噪声是不行的。那样会导致数量惊人的"你好？"和"你在吗？"。一家舒适噪声的提供商表示："大部分对话包含大约 50% 的安静。"

延伸阅读 _____

在第二次世界大战期间，无线电是一种极其重要的大众传播方式。例如，在空袭前后，列宁格勒市（今圣彼得堡）会广播藏身指南，并在事后通过一家市电台解除警报。无线电系统覆盖了这个城市的大部分地区，大约有 50 万家庭和公司有扬声器，街上还有 10 到 20000 个扬声器。如果德国人炸毁无线电发射机怎么办？列宁格勒人又该怎么知道？为此，市电台采用了一个早期版本的舒适噪声——在没有公告的时候，广播里就轻轻播放节拍器的声音。

_____

幻觉振动综合征：
为什么手机没响，我们却以为在振动

你正坐在办公桌前，或是站在厨房里，又或者在看电视……突然，你的手机振动了，通知你有新短信、电话或电子邮件。你把手伸进口袋里看，却发现没有这样的信息——也许你的手机甚至都没在你的口袋里。那种真实的振动感觉，是什么引起的呢？显然，不是你的手机。

如果你遇到这种事，放心，你不是一个人。

2010年，来自马萨诸塞州斯普林菲尔德的贝斯泰医学中心的一组研究人员，请232位同事做一份有关手机幻觉振动的问卷（或者更确切地说，从他们手机通常所在区域产生的振动幻觉）。在所有176位回答者中，115位——69%的人——的回答是肯定的，他们坦承自己经历了刚才描述的令人不安的假警报。研究人员得出了显而易见的结论："幻觉振动综合征在使用电子设备的人群当中比较常见。"

是什么原因造成的？有许多种观点。探索新闻（Discovery News）表示："可能是因为手机产生的电子信号，直接将振动感传递给了人的神经，或者仅仅是因为人们对警报的心理预期。"Mental Floss网站解释了一种可能的作用方式，把它比作"一种外部刺激"，类似于"当你的手机靠近通话人时，你会听到奇怪的嗡嗡声，仿佛它在和一个手机信号塔'握手'，发出一些电磁干扰"。这种期待和任何其他类型的心理状态没什么不同——我们对手机振动的感觉非常习惯，以至于我们期待它时，而不是它实际发生时，大脑就以为它正在发生。

一些全新的证据表明，这些振动幻觉都源自我们的大脑。2012年7月，研究人员在与大学生们讨论过假振动现象后，发表了一项关于仿生振动现象的研究。根据 *Slate* 杂志的解释，大多数学生体验了振动，研究发现，这种现象更常见于性格外向的人和神经敏感的人：

> 理论上说，性格外向的人检查手机的次数很多，因为与朋友联系是他们生活中重要的一部分。与此同时，神经敏感的人非常担心自己的关系状态——所以，虽然他们接收的短信可能没那么多，但他们很在意短信上会说什么。

无论如何，大多数研究人员认为，虽然相关的研究非常少，但假振动现象是无害的（尽管令人恼火）。

延伸阅读 —————

  1969 年的"阿波罗 11 号"登月事件是阴谋论者最喜欢的话题。他们断言，登月事件是伪造的，是在一间摄影棚里拍摄的。2002 年 9 月，一位阴谋论者与第二个登上月球的人——巴兹·奥尔德林（奥尔德林母亲的娘家姓正巧是 Moon——月球）发生肢体冲突。这位阴谋论者带去一本《圣经》，要求奥尔德林当面发誓说登月是伪造的。结果，奥尔德林打了那个家伙。当局拒绝对奥尔德林提起诉讼。

—————

手机快门声：
一项确保安全的设置

　　掏出你的手机拍张照。如果手机开着声音，你可能会听到快门声，让人回忆起以前的非数码相机（如果你年龄够大的话）。这种声音是人为制造的，这是为了把相机般的全方位体验带到数字世界。对大多数手机来说，你都可以关掉声音。例如，如果你调到静音模式，苹果公司的 iPhone 3G 手机是没有快门声的。

　　除了在日本。

　　据苹果爱好者网站 Cult of Mac 报道，数字革命导致日本人一些正常的公共行为出现了反常的退化。出现了什么样的新潮流呢？拍摄女性"裙底"和"窥胸"照片的行为。这种行为未经许可，拍摄对象甚至毫不知情。更严重的是，社交媒体的日益普及意味着受害者的肖像会广泛传播。如果有足够的背景信息，也许能识别出照片上的人。这个问题变得失去控制，所以，现在大多数地铁站都有"小心裙底"的警告标志。

为了避免这种情况，日本版的 iPhone 3G 手机——以及许多后续版本——哪怕处于静音模式，拍照时快门声也会响起。虽然这阻止不了最无耻的裙底偷拍狂，但它表达的愿望非常清晰。至少，别人会注意到他们在做什么。

到目前为止，这种需求在世界范围内并不普遍。然而在2009年，美国国会议员彼得·金想在美国做同样的努力，提出了一项叫《手机相机拍摄警示法》的法案。法案一旦颁布，将"要求含数码相机拍摄功能的手机在拍照时发出声音"。这项法案没有受到任何其他立法者的支持，最终没能成为正式的法律。

不过，如果拿日本比照，即使这项法案正式颁布，也不会产生很大效果。因为偷拍者找到了解决方案。根据《每日邮报》的报道，对谷歌安卓系统的手机来说，安装上某些 app 就可以绕过系统设置，关闭快门声。还有一种更简单的方案——对大多数手机来说，装上耳机就可以收掉所有噪声，有效关闭快门声。

延伸阅读 _____

2010 年 8 月，波士顿警方发起一次突击行动，抓捕了一名据报道在城市地铁上拍裙底照的男子。2014 年 3 月 5 日，马萨诸塞州最高法院裁定此人无罪——法律适用的情况是，犯罪嫌疑人拍摄的对象至少要是"部分裸体"。法庭认定，"女乘客身穿短裙、连衣裙等，盖住了这些身体部位，不属于'部分裸体'的

8

情况，无论裙子下面有没有穿内裤或其他衣物"。觉得荒谬的不是只有你一个人——两天后，马萨诸塞州政府通过了这项法律的修订版。

反 "痴汉" 行动：
女性专列地铁

日语中"痴汉"一词意为"街头猥亵"，用专词描述这种行为的本身，就充分说明了问题的严重性。地铁上的这种问题尤其明显。根据英国《卫报》的报道，当地人将大阪的地铁称为"性变态快线"。2001年，一份关于东京高中生的调查发现，该区域有70%的女学生在地铁上受过至少一次这样的骚扰。东京警方与东日本旅客铁路公司的另一项联合调查发现，20岁到40岁的女性群体中，有三分之二至少被侵害过一次。

在过去的一二十年中，官方试图改变这一现状，对定罪者加重量刑，并通过宣传活动引发关注。但是，总体来说，这些努力都不太成功。立法和宣传活动让更多受害者出来举报，但许多受害者羞于站出来。公众认为，虽然事情没有完全失去控制，但犯罪行为依旧猖獗。有什么新的解决方案呢？隔离车厢。

具体来说，许多日本公共交通公司开始推出女性专列。这些专列最早的推出时间是 2000 年。当时，一条东京到郊区的私有铁路在深夜运行时测试了这一概念。在随后大概五年的时间里，其他铁路公司大多采取了类似措施，并发现这项服务很受欢迎（这不足为奇）。甚至，有很大一部分男性赞成增加这类列车。美国广播公司新闻网指出，拥挤的地铁可能会导致对"痴汉"行为的误判（或者，明明是旁边人做出了轻率行为，周围的无辜者可能会被受害者错误地指控），面临 500 美元罚款、最高七年监禁的惩罚。最好避免出现这种情况。

有趣的是，如果男性登上女性专列，是不会受到罚款或监禁威胁的。根据《今日日本》的报道，这么做是不违法的。从某种程度上说，这是一条靠羞耻心落实的规定。奇怪的是，阻止女性举报"痴汉"的羞耻心，也使得男性不想去触通勤时间共用车厢的霉头。"女性专列"这个词也有点不准确，因为小孩、残疾人和一些男性通常也可以上车。

然而，这项创新获得了成功，并被运用到全球其他公共交通系统中。印度、巴西、墨西哥等也提供女性专列，希望解决类似问题，帮助被"痴汉"困扰的人群。

延伸阅读 _____

2001 年，迪拜开设了一家女性专用银行。根据英国广播公司的报道，其目的是让女性在这个高度保守的国家中自行管理财务，而不用向她们生活中的男性解释。具体来说，英国广播公司注意到，"在某些情况下"，银行的目标是为顾客"向她们的丈夫保密"。事实证明，这家银行经营得并不成功，大多数人都忘记了它的存在。因为，七年后，迪拜另一家银行推出了专门面向女性的设施，而《洛杉矶时报》将它称为"史无前例的"。(哎呀！)

―――――

女性不能拥有信用卡：
钱包里塑料卡片的歧视（20 世纪 70 年代）

　　大约 75% 的美国成年人名下拥有信用卡。尤其是电子商务无处不在的时代，信用卡的使用是司空见惯的。信用卡公司之间争夺新持卡人的竞争非常激烈。所以，获得信用额度不是一件难事。超过 40% 的美国家庭有一定的信用卡债务，负债家庭信用卡平均负债 15000 多美元。信用卡不仅容易办到，而且不可避免——尤其是信用卡公司为了让人们办卡，推出了一些激励手段，比如航空里程、返现、奖励积分等。

　　然而，在 1974 年之前，如果你是一名女性，想要申请信用卡可没那么容易。你通常需要一份工作，或拥有其他固定收入来源。你需要有一定的储蓄，信用记录要比男性优异很多。还有一件事：

　　你首先要结过婚——并且保持已婚状态。

　　在人类历史的大部分时间里，男人被认为是负责养家糊口的，而女性几乎一定是家庭主妇的角色，只有极少数情况下才会出去工作。而且，当女性出去工作时，通常能选择的工作岗位很有限——比如教师和护士。社会得出的结论通常是，女性无法胜任平衡收支或支付账单之类的工作。这些工作是留给男性干的，他们是家庭经济的维持者。一般来说，银行业会严格遵守这些性别规范，只为男性提供服务。在 20 世纪 70 年代初，这类服务包括提供信用额度和发放配套的塑料信用卡。

对未婚女性来说，这尤其是个大问题。1963 年的《同工同酬法案》和 1964 年的《民权法》第七条禁止在就业问题上搞性别歧视，有助于创建一个女性可以自食其力的社会。年轻的（育龄）单身女性现在能找到工作，因为雇主不能以女性会结婚、抛下工作生孩子为理由拒绝女性申请者。然而，银行没被禁止持有这种观念，并就此采取行动。许多银行仍拒绝向女性发放信用卡，认为她们一旦怀孕就会停止工作，从而无力偿还债务。而她们未来的丈夫见状不想承担未来妻子的信贷问题，就会想方设法不承担债务。

对离异女性来说，这个问题更荒唐：许多银行机构认为，如果一名女性经营不好婚姻，那么她肯定不能管好信用卡——所以也不能给她们放贷。但是，如果她们是已婚状态呢？在这种情况下，是可以发放贷款的——但只有在丈夫许可和签字的情况下才行。信用卡公司通常只允许女性在申请表上统计自己的收入，而不是家庭的收入，而她所有的收入，都面临先前看似已经解决的种种问题。在实践中，这意味着 20 世纪 70 年代初的女性通常无法拥有自己的信用卡。

发生了什么变化呢？立法。1974 年，联邦政府通过了《信贷机会均等法》，禁止基于性别歧视做出信用决定，并进一步允许申请人在申请过程中加入家庭收入（即妻子可以加上丈夫的收入）。

延伸阅读 _____

　　如前所述，历史上有一些职业是由女性占据的。在这个（很短的）列表中，有一个职位是现在已经过时的电话接线员。第一批电话接线员是男性——通常是十几二十岁的男性，但到了1878年，波士顿电话调度公司厌倦了员工们缺乏耐心、漫不经心，以及他们诅咒和恶搞接线客户的癖好。当年9月1日，该公司聘请了一位名叫埃玛·纳特的女性，使她成为世界上第一位女性接线员。根据维基百科的说法，"顾客对她镇定优雅的声音及耐心给予了绝对肯定"。这引发了一种趋势，就是这之后的几十年间，电话接线员主要是女性。

_____

反要约：
跟信用卡公司讨价还价的男人

　　两万单词，这大约相当于一份三四十页的高中学期论文。但在我们说的案例中，这份文件不是十年级学生写出来对比和对照《1984》和《美丽新世界》的，而是出自一批律师之手。如果你想理解这份两万左右单词的文件，那你可能需要另一批律师。然而，无论怎样，我们作为消费者都会签这些文件，这就是信用卡协议。

　　这个单词计数来自《华尔街日报》。这份报纸进一步指出，在1980年，通常的信用卡协议只有400个单词——大约一页半纸左右。然而，对我们大多数人来说，这份协议是两页还是两百页区别不大。我们无论怎样都会签署，而且不会事先阅读。一个名叫季米特里·阿加尔科夫的俄罗斯男人好奇，信用卡公司是不是也是这样——他们读过这份难懂的文件了吗？为了验证真假，他自己在文件中添加了一些条款。

　　根据官网的介绍（2013年夏），京科夫信用系统是"俄罗斯领先的在线金融服务提供商"，对用户提供三种信用卡。翻阅信用卡的福利介绍，也看不出什么异常。跟在美国和其他地方一样，你可以使用信用卡（当然可以支付账单）来赚取积分、航空里程等。根据《每日电讯报》的报道，京科夫公司向阿加尔科夫提供了一张信用卡，但是阿加尔科夫对这张信用卡不感兴趣——因为利率太高了。大多数人会直接把邀请函扔进垃圾桶，阿加尔科夫却很有创意。他发起了一份反要约。

反要约的条款至少对阿加尔科夫先生非常有利。如果他重新起草的合同能够执行，他的信用卡利率为零，没有信用额度限制，当然也没有费用，不过他仍然需要还款。但是，对这家信用卡公司来说，这似乎是一笔赔本买卖。京科夫公司可以尝试执行原先的协议，但是阿加尔科夫规定，每违反一次他的条款，京科夫公司都要赔偿 300 万卢布（约合 9 万美元）。京科夫公司完全可以取消这张卡——但他们必须支付 600 万卢布取消费（约合 18 万美元）。这两种方案京科夫公司都没有采取，而是直接签署了阿加尔科夫修改后的协议。

然后，阿加尔科夫没能按时还款。为什么呢？由于没有费用且利率为零，还款也就没有紧迫感。当然，京科夫公司没有意识到这一点，因为没人通读过阿加尔科夫修改后的合同。于是，京科夫公司以长期逾期不还款为由取消了这张卡，并起诉这位前持卡人，要求赔偿 45000 卢布——19000 卢布是借款，另有 26000 卢布是违约金和利息。阿加尔科夫在辩护中提到了对文件的修改，法官支持他只欠 19000 卢布（约合 575 美元）。

至于违约金呢？阿加尔科夫进行了反诉，要求 2400 万卢布（36 万美元）的损害赔偿金。这起案子计划于 2013 年 9 月在俄罗斯法院审理。京科夫公司认为它将最终获胜，其首席执行官兼创始人奥列格·京科夫发推特说，他们公司的律师坚信阿加尔科夫得不到这笔钱。京科夫还断言，阿加尔科夫将因诈骗而入狱。

　　两种情况都没有发生。这起案件根本没有开庭审理。双方同意互不相欠，算是解决了。

延伸阅读 _____

　　如果你用信用卡在线购买成人内容，请确保你使用的是男性的名字。根据 2011 年《华尔街日报》的一篇文章，大型账单公司会"将女性的名字标记为潜在的骗子。因为，许多类似消费的最终结果是，愤怒的妻子或母亲以信用卡被滥用为由要求退款"。（不知道《五十度灰》的流行有没有改变这一点。）

_____

特殊的地铁乘客：
赚取免费食物的莫斯科流浪狗

几乎每个城市地区，都有许多流浪群体。无论是纽约、旧金山、东京还是马德里，你都可能遇到生活不幸的人。一些流浪者已经采取了创新措施来适应环境，设法在周围满是混凝土和沥青的"荒野"中苟活。在一个城市里，生存的愿望不仅仅存在于流浪的人类群体中。

看看莫斯科地铁里的流浪狗们。

俄罗斯首都大约有35000条流浪狗在大街小巷里觅食。它们大部分比较野蛮，避免与人接触。然而，大约有500条流浪狗已经跟许多流浪者一样，成了地铁里的半永久性居民——这里的地铁是指莫斯科地铁。待在地铁里的好处不仅是寻得一个避风港，还可以取悦乘客获得食物——或者，如果机会合适的话，它们能把一个不知情的乘客吓得扔掉零食。不管是哪一种方法，新觅得的食物对饥饿的地铁流浪狗来说非常重要。

　　然而，对 20 来条狗来说，这种利用叫声换取食物的策略只是一个开始。这些聪明的流浪狗已经把这种地铁游戏提升到了下一个层次：它们成了通勤者。办公楼区白天拥挤，清晨和傍晚少有人来，住宅区则正好相反。因此，乞丐、流浪狗和普通人一样，都是午餐时间在办公室附近，夜间在住宅区附近。于是，一些地铁流浪狗也这样做——根据美国广播公司新闻网和《太阳报》的报道，这些狗已经知道如何利用地铁网络，优化它们一整天的落脚点。

　　它们的方案很成功，已经知道哪些列车空间更多，方便乘车时蜷在长椅上打个盹。

延伸阅读＿＿＿＿

　　1980 年，《纽约时报》报道说，自 20 世纪 60 年代以来，纽约一张比萨饼的通常的价格竟与纽约地铁系统的单程价格相同——以"不可思议的精确度"。2002 年，《纽约时报》重新审视了这一奇怪关联，确定仍然是这种情况。

海底地铁：
报废列车的新用途

　　大都会运输署（MTA）负责大纽约地区的大众交通。作为其服务的一部分，MTA 在 800 多英里的轨道上运营了 6000 多辆列车。这 6000 多辆列车使用三四十年就会报废，不能再正常使用。

　　然后，它们就跟鱼群长眠在一起了。

　　这是真的。

　　几十年来，MTA 一直在运行一个方案，将废弃的地铁车厢变成美国大西洋中部海岸的人工礁石。MTA 雇人去掉每辆列车的车厢门、车轮和窗户，清除联邦法律禁止倾倒进海洋中的任何有害材料（如一些石油基润滑剂）。然后，超过 1500 节车厢被运往新泽西州、特拉华州、马里兰州、南卡罗来纳州和佐治亚州。一旦到了那些地方，车厢就被卸载到装有专用起重机的驳船上，扔进离岸仅几英里的海洋中。

　　这样一来，MTA 及其合作伙伴不仅用对环境无害的方式处置了这些笨重的运输工具，还振兴了大西洋渔业。在地铁车厢落入大西洋前，这片相对贫瘠的水域并不是鱼群栖息的好地方，因为自然界的捕食者可以在开阔的水域轻松捕到它们。地铁车厢到达时，情况发生了变化。一位特拉华州的官员告诉路透社："600节车厢组成的礁石让本州水域的鱼类数量增加了400倍。年钓鱼旅行次数也从礁石建成前的300次激增到13000次。"还有一个好处是，螃蟹、贻贝和虾也开始在许多礁石上定居。

许多关心海洋环境与生态的人非常喜欢这些人造礁石。不过确实也出现了一些问题，尤其是在新泽西，一些车厢的退化速度比预期的还快。但是，这些项目通常被视为一次巨大的成功。根据交通博客"第二大道传奇"的报道，2007年，淹没了近十年半的列车仍然保持着67%的完整性。

由于这样的成功，其他人造物品也被扔到海底，希望为鱼类朋友们创造一个类似的家。也许，最值得注意的例子是，2006年5月，美国海军故意将退役已久的900英尺长的航空母舰"奥里斯卡尼号"沉入了海底。它现在沉没在彭萨科拉沿海的墨西哥湾海底。它不仅成为海洋生物栖息的好地方，而且它离海岸很近。如果你是一个潜水爱好者，你可以去拜访它。

延伸阅读 _____

在之前的"延伸阅读"中，我们讨论了大苹果城①的比萨价

① 纽约市的别称。

格和地铁价格之间的奇怪关系。然而，比萨盒和地铁车厢的命运差异就大得不能再大了。如前所述，地铁车厢会被回收，而比萨盒通常不可能被回收。根据该市卫生部门的说法，被食物污染的纸板（和纸张）应进入垃圾桶，因为"食品颗粒、脂肪和食用油留下的残留物属于污染物，是不可回收的"。

垃圾箱催生的黑市：
一个人的垃圾，另一个人的财富

有句老话说："一个人的垃圾是另一个人的财富。"这句话的起源时间已经无从考证，它评论的是人和人的口味各不相同——一个人认为没价值的东西，可能被另一个人视为珍宝。这句话在美国部分地区尤为适用——有一种垃圾为有组织犯罪提供了原料。

那是什么产品？旧纸箱。当一些人试图扔掉旧纸箱时，另一些人趁废品收购者来之前偷走了它们。

纸箱是可以回收的。就可回收品来说，它们属于最优质的垃圾，具有便于运输的特点。由于可以打包扔到卡车后面，成吨的纸板可以运输几英里，而不用耗费许多劳动力或燃料费。回收过程主要依赖一种叫水力碎浆机的东西——将打包的纸箱扔进一种移动的温水容器中，直到厚纸板变成一种燕麦粥状的纸浆。这种纸浆可以重新制成纸箱或其他瓦楞纸板产品。

由于纸箱可以二次利用，即使纸箱里的东西被清空，纸箱被废弃物搬运车送走，它们也仍有价值。市政当局和企业都会给运输商付费，让他们收走垃圾和可回收物。运输商还把纸箱卖给回收商来赚钱。然而，其他人也意识到了纸板的价值——大约是每吨 100 美元，在运输商来之前就把东西收走了。由于废弃物管理公司已经通过合同约定收走垃圾（如果没有可回收的纸板，价格通常会较低），其他人收走纸板通常被视为偷窃行为。

有一起著名的犯罪活动涉及了三名新泽西男子。据费城《地铁报》，在四个月的时间里，他们偷走了 900 多吨纸板。纸板盗窃者偷的纸箱大多数来自路边（在大城市里很常见），或者沃尔玛、塔吉特等大型商店后面。但这三个新泽西嫌疑人更有创意。他们创建了一家名叫"地铁纸业公司"的冒牌企业，并租来了卡车。然后，他们监控了大量使用纸箱的大型商店，了解了他们的垃圾回收时间。一旦掌握了时间表，这些人就趁合法运输商到来前收走纸箱，然后转移到下一个目标。

听起来似乎在浪费时间——或者这种犯罪不值得冒险？根据《废品回收新闻》的报道，这个犯罪团伙把珍藏的旧纸箱卖了 10 多万美元。

延伸阅读 _____

当今社会如何处理这些回收的纸箱？根据前面的描述，它们通常会变成更多的纸箱。然而，以色列发明家、骑行爱好者伊扎

尔·加夫尼决定结合自己的爱好，把纸箱回收再利用变成一项挑
战。据《快公司》的报道，加夫尼用回收纸板箱制造了一辆功
能齐全的自行车。这辆具有防水功能的自行车只花了 9 美元的
材料费。

酸橙买卖：
贩毒集团的生意经

　　如果你在美国，附近放着一个酸橙，几乎可以肯定的是，这个小小的绿色果子来自墨西哥。美国 95% 的酸橙都来自它南部的邻国。通常情况下，供应量稳定，价格也就稳定。根据美国公共电视网（PBS）新闻的报道，最近几年，38 磅一箱的酸橙批发价格大约为 20 美元。然而，在 2014 年初，酸橙价格飙升了五倍，并维持了几个月。到了 5 月中旬，酸橙价格重新稳定下来，回落到以往的水平。

　　在大多数情况下，生产酸橙的农民会为价格高涨而兴奋，为后续的价格跌落而抱怨。但是，在这个案例中，结果恰恰相反。价格升得越高，农民越为自己的生计感到恐惧。价格恢复正常，也是因为发生了一些大事。

　　这意味着贩毒集团已经逃跑了。

　　酸橙战争的开始很简单。到了 2013 年底，由于受到暴雨的侵袭，墨西哥部分酸橙产区的农作物被破坏，还有些区域则"病毒肆虐"。（喜欢双关语的人可能会指出，这些区域必须应对一种特别严重的酸橙"传染病"。）供给量下降，需求基本保持不变，导致经济的基本规律开始发挥作用，酸橙价格出现了小幅而明显的上涨。如果你是一位受影响的农民，你可能会将作物多样化，或在收成不好的时候存些钱。另一方面，如果你有酸橙出售，那就好事临门了，因为你的利润会比平时多一点。

如果你有一个贩毒集团，你就突然得到了一款产品，可以将它进口到美国，而不用冒着被监禁的风险或背上更重的处罚。

我们这里提到的贩毒集团叫 Templarios——意为"圣殿骑士团"，一个活跃在墨西哥米却肯州的犯罪组织。"圣殿骑士团"不仅仅贩毒——他们是最像黑手党的组织，有过绑架、制假、洗钱、谋杀和贩卖武器的历史。在米却肯州的许多地区，你遇到的任何一位商人都有可能在给"圣殿骑士团"交保护费。为了自己着想，他们或许最好这么做。

在过去的几年间，尽管存在这样的犯罪活动，米却肯州却经历了农业的繁荣发展。其中，酸橙是增长最显著的领域之一。到了 2014 年，米却肯州六个相邻的小镇出产了该国大约 20% 的酸橙。一个容易管理的小区域产出这么多酸橙，这是"圣殿骑士团"无法抵御的诱惑。根据《华盛顿邮报》的报道，这个毒贩集团运用它的力量放缓酸橙的生产，同时占据了酸橙的供应链。"圣殿骑士团"买下酸橙农场，经常强迫以前的主人低价卖出产品，否则就对其施以暴力威胁。然后，这个贩毒集团还大大减少输出量。许多其他酸橙农场的实际操控人也是"圣殿骑士团"，也削减了产量。那些不受"圣殿骑士团"控制的农场主，几乎没地方种植水果——可以想见，水果包装商会考虑到可能出现的后果（即使未必如此），从而变得小心谨慎。

最终，米却肯州的许多人开始参军，拿起武器反抗"圣殿骑士团"。墨西哥的联邦政府派出了警察，酸橙贩卖集团开始崩溃。据美国国家公共电台新闻的报道，"'圣殿骑士团'的一些高级头目被杀或被捕"，酸橙再次开始自由流通。

延伸阅读 _____

根据《华盛顿邮报》2002 年的一篇文章，越狱在墨西哥不属于违法行为。是的，如果你被抓住了，就得回去服刑——但当局考虑到你想早点获得自由，所以不会延长你的刑期。墨西哥最高法院的法官尤文蒂诺·维克多·卡斯特罗·y. 卡斯特罗向媒体解释说："每个人对自由的基本渴望是隐性存在的，所以试图逃跑不能被视为犯罪。"

_____

三明治法：
从法律上讲，什么可以称为三明治

　　美国有很多墨西哥餐馆连锁店，其中最著名的是 Chipotle（小干辣椒）、Qdoba（奇多吧）、Taco del Mar（塔科德尔玛）、Moe's Southwest Grill（莫斯西南烧烤店）。进入任何一家店，买一份墨西哥卷饼，你会得到所谓的"旧金山式"或"布道团式"的墨西哥卷饼。这些卷饼跟历史上的墨西哥卷饼尺寸不同，它们的尺寸更大，里面的馅料也更多。不论以哪种标准衡量，它都算得上一顿饭。

　　但它是三明治吗？

　　对大多数人来说，这个问题不重要。20 世纪 60 年代早期，一位名叫费布罗尼奥·翁蒂韦罗斯的教区食品商在制作旧金山式卷饼时，可能不在乎文字表达。翁蒂韦罗斯在乎的是，当地消防员饿了，想吃三明治——而他的面包用完了，只有一些六英寸的墨西哥薄馅饼。于是，他在薄饼上放了肉、大米和其他东西，卷在一起，一个卖一美元。后来，这种产品的规格和价格都提高了，但它保留了明显的特征。消防员（或是翁蒂韦罗斯）是把它视为三明治，还是一款替代产品，谁也说不准。然而，在 2006 年，马萨诸塞州的一名法官不得不做出准确的判断。

在马萨诸塞州的什鲁斯伯里镇，帕尼罗面包店在怀特城购物中心开了一家特许经营店。根据租约，帕尼罗设置了一则条款，禁止购物中心的运营商将其他空间租给另一家三明治店。怀特城打算向奇多吧出租一个地点，帕尼罗搬出这个条款来阻止它。奇多吧和怀特城争辩说，奇多吧出售的不是三明治；帕尼罗反驳，指出奇多吧提供墨西哥薄馅饼，并认为这种馅饼就是三明治。

根据美联社的报道，负责审理此案的杰弗里·洛克法官查阅了韦式词典，咨询了几位专家鉴定人。他得出的结论是，墨西哥薄馅饼其实不算三明治："三明治通常不会被理解为包括墨西哥卷饼、墨西哥玉米卷和油炸玉米粉饼——这些通常由一张墨西哥圆饼加肉、大米和豆类制作而成。"所以，奇多吧可以入驻怀特城购物中心。

但最终，帕尼罗笑到了最后。截至写到本节时，怀特城的奇多吧已经停业了，而帕尼罗面包店还在照常营业。

延伸阅读

一些人认为，有一种类似三明治的卷饼是旧金山式卷饼衍生出来的，它可能是在 20 世纪 90 年代中期由一家叫"世界卷饼"的教区餐厅发明的。（还有一种可能是谣传的说法：前美国职业棒球大联盟经理鲍比·瓦伦泰于 1980 年在其位于康涅狄格州斯坦福市的餐厅发明了卷饼。）那卷饼算三明治吗？人们没有达成共识。根据《哈佛深红报》的报道，《牛津美国饮食文化百科全书》坚持认为它们属于三明治。然而，与墨西哥薄馅饼是近亲的卷饼的历史得出了相反的结论；还有个网站就叫"卷饼是三明治吗？"（www.IsAWrapASandwich.com）——如果你打开这个网站，可能会看到网站上写着两个字："不是。"

番茄的尴尬地位：
番茄是蔬菜，还是水果？都是！

番茄是一种水果。不对，番茄是一种蔬菜。不，等等——番茄是水果。

真相是：两者都是。这两种范畴并不是没有交集的。但是在美国的法律系统中，两种定义只有一种有效。

从植物学角度来说，水果是指开花植物结出的包含种子的果实——没错，这个定义包含了番茄和通常也被称为蔬菜的黄瓜。

这是因为"蔬菜"这个词缺乏科学意义，而是基于食物文化的宽松定义。一种特定食物的供应时间与方式，决定着这种食物的分类。例如，最常用于制作汤、沙拉或主菜配菜的植物通常被视为蔬菜。这其中包括西红柿和黄瓜，还有甜玉米（一类籽粒就是种子的谷物）和蘑菇（属于真菌，不是植物）。因此，"蔬菜"这个词一般指植物上除果实或种子外的可食部分，但这种区分既不精确，也不完善。

　　由此看来，番茄既是水果，又是蔬菜。如果你问语言学专家（或查阅许多词典），你会发现，他们在这件事上的观点一致。

　　你觉得这是无事生非？也许吧。不过，美国最高法院觉得这是个需要解决的重要问题。1883 年，美国政府通过了一项关税法案，要求蔬菜进口商支付一项税金——一项不适用于水果进口的税金。十年后，在尼克斯诉赫登案中，几个番茄进口商将政府告上了法庭。这些进口商认为，从植物学上来说，番茄属于水果，因此不适用于这项关税，要求政府归还已付税金。法院毫无异议地支持了政府。法院指出，番茄通常与主菜一起搭配食用，且不属于甜点，因此判定番茄要被征收进口税。

　　在州政府层面上，有三个州——阿肯色州、俄亥俄州和田纳西州——将番茄称为州水果。（在阿肯色州，番茄其实是官方的水果 / 蔬菜。）然而，各州的意见并不完全一致：在 2005 年，新泽西州以尼克斯案为参照，考虑将番茄定为该州的官方蔬菜。

延伸阅读 _____

　　2000 年，弗吉尼亚州布莱克斯堡镇的警方陆续接到了当地居民丹尼尔·赫斯特和琳达·赫斯特家的 911 报警电话——但是当紧急接线员说话时，电话那头的赫斯特夫妇都不说话。在确定赫斯特夫妇不在家后，警方决定持枪搜查这一家，寻找潜在人质或犯罪嫌疑人。他们什么都没找到，却发现有个番茄熟过了头。

番茄汁不断地滴下来，导致电话答录机短路。不知道为什么，答录机反复地自动拨打911。显然，番茄是水果，也是蔬菜，在适当的情况下，它还会成为打电话的恶作剧分子。

————

排队听审判：
去最高法院的代价

　　美国最高法院从 10 月到次年 4 月开庭审案，但由于现场禁止摄影和录像，普通人几乎没机会观看诉讼。除非你是为法院工作的，或者是负责案件辩护的律师，要么就是坐在来宾席前排的少数幸运记者。否则，你可能就没那么好运了。大约有 50 个座位是向公众开放的。好消息是，这些座位是免费的，先到先得。坏消息是，排队通常至少需要几个小时。所以，如果你不愿意早点到那里，就不太可能得到几十个座位中的一个。

　　或者，你可以在黑市上买个座位。

　　这是一个符合经济学基本原理的简单问题——座位属于稀缺资源，而市场需求远超过供应量。排队等候除了非常无聊之外，也让大多数人的时间得不到有效利用。许多人真的想出席庭审，倾听九位法官审理案件，向律师提出问题。不过，这里是美国——有人把排队变成了现金。在某些情况下，还是一大把现金。

几十年来，环城公路地区的人自愿为你有偿排队。根据《华盛顿邮报》的报道，2005年，一个名叫凯文·罗林斯的男人替一家法律公司排队赚了350美元。这家法律公司想让自己的一位客户（被代理人）旁听审判。但是，排队队伍的长度是令人望而却步的。罗林斯代表这家法律公司及其客户，以每小时25美元的价格，排了14个小时的队。

此后的几年里，排队成了环城公路地区一个繁荣的产业。环城公路至少两家企业进入了这个市场，扮演中介的角色——为了赚钱，他们会帮你找一位排队者。对于长期的任务，他们会按需找人帮忙占位置，价格上涨到每小时50美元起。排队队伍越来越长，有时候需要排上两三天时间。根据一份报告，在一个名声在外的案例中，一项"替我保留位置"的任务让买主花费了6000美元。注意，旁观者没机会影响案件审理；顾名思义，旁观者就是在一边观察事情的进展。

服务商还为想出席国会听证会的人提供类似服务。这至少让一位参议员懊恼不已。2007年，来自密苏里州的参议员克莱尔·麦卡斯基尔提议立法禁止这种做法。但截至写本文前，任何类似的努力都无济于事。

延伸阅读 _____

下次你排队等候时，比如说在商店里结账时，试着猜猜你要等多久。你也许大大高估了这个时长。根据零售研究者、环境心理学家帕科·昂德希尔的说法，我们只要排队等待大约 90 秒，就会失去对时间的感知。之后，尤德黑尔发现，我们开始认为过去的时间比实际时间要长得多——比如说，一次三分钟的等待感觉像是五分钟。

等不及了：
当很快"不够快"时

　　"有史以来，最糟糕的，事情。"

　　你可能看到或听到有人半开玩笑半夸张地说出这个短语。（或者，因为你看过《辛普森一家》，认识短语的原创者——漫画男。）当（现实中的）人们使用它时，一个短语相当于三个单独假似分裂句的效果。他们谈论的不是真正可怕的事情，比如饥荒、瘟疫或纳粹，而是一些小麻烦，但我们实际受到的心理创伤远大于此。如果快速搜索推特，你会发现这样一些事情，比如"没有地方停车""嘴唇皲裂""短头发碰上下雨天"——都是推特用户觉得"有史以来最糟糕的事情"。

　　还有一件事：等待。

　　等待是一种特别可怕的恐惧，让人想起刚才提到的夸张说法。人们抱怨不得不去机动车辆管理局，抱怨视频加载时间超过半秒。或者，根据休斯敦机场一些管理人员的介绍，人们还会抱怨等行李要花的时间太长。我们宁愿做别的事，也不想无所事事。

　　不幸的是，我们无法完全消除等待。在某些情况下，即使比较短的等待也可能显得太久。休斯敦机场人员直接回应乘客投诉时，认识到了这一点。顾客们等行李等了很长时间，也许是半个小时。《纽约时报》指出，机场加强了人员力量，将等待时间缩短到了八分钟，这"完全在行业基准之内"。可是，抱怨还是不断地袭来。这有点荒唐——才八分钟！——但不管怎样，顾客们还是不开心。更糟糕的是，想让行李回到传送带上的时间更短，机场团队已经无能为力了。下飞机八分钟内将行李送到传送带，已经是最好的结果了。

　　但一句"解决问题！"等于消费者服务不合格。真的，没有人想听顾客的抱怨。因此，正如《纽约时报》所解释的那样，休斯敦机场的高层决定哄乘客认为，他们不是在等待。据高层人员观察，其他机场的顾客没有抱怨行李离到达口远，而休斯敦机场只要求乘客步行大约一分钟获取行李。另一方面，在八分钟的时间里，休斯敦机场的顾客不得不站着等七分钟，他们对此感到非常不安。问题的关键不是这八分钟的拖延——而是人们讨厌无所事事、浪费时间的感觉。

　　解决方案是什么呢？机舱把到达口和行李领取处之间的距离调远了——远了许多，之前一分钟的步行时间，变成了六分钟，而无聊的等待时间只有两分钟。旅客被占据的时间长了，厌倦感减少了，抱怨也就消失了。

　　国际航空运输协会为每座机场分配了三个字母的机场代码，通常由机场所在城市的前三个字母组成。然而，有许多例外情况。在这种情况下，就使用机场或城市的近似名称。例如，纽约有拉瓜迪亚机场和肯尼迪机场，机场代码分别是 LGA 和 JFK，因为他们不能以 N 开头——N 已经被海军预先使用了。但是洛杉矶的 LAX 是怎么回事呢？X 不代表任何东西——它只是一个占位符号。机场的原始代码 LA 是没有歧义的，但当三个字母的代码已成为标准时，洛杉矶机场也就需要扩展代码了，最后采用了一个没有意义的 X。

用餐与后备计划：
为什么飞行员和副驾驶员不能吃同样的食物

　　拖沓与效率是一对格格不入的冤家。我们要么系皮带，要么系吊裤带，不会两者都用。因为，没必要两个都用，带来额外的成本或不适。然而，有时候，你得有个后备计划，尤其是失败风险极高的时候。例如，如果你经营着一家商业航空公司，同时设置飞行员和副驾驶员就意义重大。因为，如果飞行员出了什么事，就真的需要一个还能驾驶飞机的人，即便最终的花费要更多一点。

　　副驾驶员接受的训练，就是遇到紧急情况时，能完全像飞行员一样接管一切。但是，至少对大多数航空公司来说，有一点是副驾驶员无法做到的。他／她不能拥有和飞行员一样的食物。

　　副驾驶员的任务不仅仅是当后援——他／她还要在起飞、着陆和各种飞行任务中提供援助，确保一切都正常进行，所有人都遵循安全规范和采取最优方法。虽然在必要的情况下，大多数现代飞机可以由一个人驾驶，但这个主意不是太好。因为，人是会犯错的（在这种情况下，一旦犯错就会产生严重的后果）。例如，2012 年 11 月，汉莎航空的一架飞机在从美国新泽西州纽瓦克市飞往德国法兰克福途中，副驾驶员生病了。乘客中正好有一位其他航空公司的休班飞行员，帮助飞机着了陆。（由于副驾驶员的疾病，飞机转往了爱尔兰的都柏林市。）虽说这名乘客发挥技术缓解了潜在的问题，但也不能说是他阻止了一场灾难。大多数情况下，机组人员可以帮助飞行员安稳着陆。

不过，飞行员和副驾驶员同时丧失工作能力的情况是很罕见的，除了劫机这样的恶性事件。还有什么例外情况呢？食物中毒。1984 年 3 月，《纽约时报》的一篇报道表示，受到食物污染的影响，许多次航班面临风险。例如，1982 年，飞行员和副驾驶员（及其他六人）由于吃了坏的西米布丁生病，迫使这架从波士顿飞往里斯本的飞机不得不返回马萨诸塞州。1975 年，一架从东京到巴黎的飞机上，364 人中大约有三分之一吃了含葡萄球菌的鸡蛋后生病了。飞行员和副驾驶员没有生病的唯一原因是什么？他们内部制定了不同的用餐安排，他们没吃早餐，而是午餐吃牛排。《纽约时报》的这篇文章提到，实行禁止飞行员和副驾驶员共用餐食的规则，在当时还没有成为正式规定。

2009 年，根据英国广播公司的报道，这种情况已经发生了很大改变。那一年，美国大陆航空公司一架从布鲁塞尔飞往纽瓦克的飞机上，飞行员在飞行途中死亡。不过，这次航班最终安全着陆了。英国广播公司指出，"设置两名飞行员主要是为了应对这样的突发事件——不过，飞行员死亡的情况，要比食物中毒等情况罕见"。出于这方面的担忧，今天的航空公司基本上都要求副驾驶员不能和飞行员吃一样的饭菜。

谁有优先选择权呢？这一点没有媒体报道。不过，如果机长没有这种特权，那就奇怪了。

_____

想把飞机餐做得好吃是很难的，背后的原因可能很奇怪。阿拉斯加航空公司的厨师克利夫顿·莱尔斯（通过美国国家公共电台）表示，在飞机的巡航高度上，我们的味蕾敏感度大概会比平时下降 25%。根据这篇文章的说法："当机舱被加压，飞机内部的湿度下降时，你的一些味蕾就会麻木，嗅觉也会减弱。在地面上觉得很美味的东西，现在却变得平淡乏味。"

_____

本的大决定：
合适的人、合适的地点和最不合适的时机

2001年9月11日，恐怖分子劫持了四架美国商用喷气式飞机，意图撞击华盛顿特区和纽约市的大型建筑物。众所周知，在恐怖分子策划的四起案件中，只成了三起。将目标定为美国国会大厦的第四架飞机，由于机上英勇的乘客阻拦而落败。虽然我们现在确信其他飞机均未被纳入袭击计划，但当时进入美国空域的4000多个航班中，每一架飞机都处于危险之中。不过，那天上午，当班的联邦航空委员会国家营运经理本·斯里尼阻止了可能出现的伤害。

他是怎么做的？他做了一个前所未有的决定，让美国境内的每一架商业航班都着陆。

这当然也不是什么新闻——这其实是常识。事后分析告诉我们，虽然这在当时是一个大胆的决定，但这样的命令是正确的。庆幸的是，斯里尼有能力做出这样的决定。他有25年的空中交通管制经验，以及美国联邦航空管理局的管理经验。其中，他担任

过纽约终端雷达进近管制中心的领导职位，这个中心负责纽约三大机场和附近几个小型区域机场的空中交通。国家营运经理的职位又让他及时获得了信息。但是，是否让飞机着陆得由斯里尼考虑并做出最终决定。

总而言之，本·斯里尼的创举留下了一个离奇的故事。当环球影业决定将美联航 93 号航班上乘客们的英雄故事拍成电影时，他们没有忽略本·斯里尼的角色——甚至邀请他在电影中扮演自己。

虽然他的故事比较离奇，但有个特殊的事实更是让人瞠目结舌：2001 年 9 月 10 日，本·斯里尼还不是美国联邦航空管理局的国家营运经理；2001 年 9 月 11 日，才是斯里尼上班的第一天。

延伸阅读 _____

9 月 11 日袭击发生后，美国进入了为期三天的商业航班禁飞期，其间很少有飞机在空中飞行——空中交通大概只允许军事飞行。（例外情况是什么呢？一架由圣迭戈飞往迈阿密的航班获准飞行，目的是向一位蛇毒中毒者运送抗蛇毒血清。）空中的飞机少了，飞机尾迹——飞机在空中留下的像云一样的白色轨迹——也就少了。飞机尾迹变少的同时，对应的是气温发生了可测量的显著升高。这导致一些人认为，飞机尾迹有助于抑制全球变暖——二战时的数据也印证了这个理论。

高级机密：
美国中情局的反恐吸尘器图表

吸尘器是非常好用的工具。现代吸尘器可以清理厨房地板，吸走犄角旮旯的尘垢，当然还可以清理地毯。它们甚至帮助美国政府官员阻止了一场潜在的恐怖袭击。

但我们不知道，因为那属于机密。

你可能听说过哈立德·谢赫·穆罕默德。在有关 2001 年 9 月 11 日袭击案的官方委员会报告中，美国政府将穆罕默德视为袭击的"主谋"。自 2003 年俘虏穆罕默德以来，美国政府就对其进行了严密关押，最近一次是在关塔那摩湾海军监狱。在官方的所谓"强化的审讯技术"下，穆罕默德承认不仅策划了"9·11"事件，还策划了 1993 年世界贸易中心爆炸案、2001 年 12 月谋划制造的"鞋子炸弹案"及其他各类恐怖袭击。

这些"强化的审讯技术"是有争议的。一些批评家认为，穆罕默德等人受到的胁迫强度，让由此得出的任何陈述都是有疑问的。这些方法的道德性、合法性和有效性我们改天再论。但是，为了讨论高度机密的真空吸尘器，让我们假定"强化的审讯技术"的部分意图是给受审对象施加一定程度的心理压力。此外，这类检查可能对囚犯的神志产生长期的影响。

　　毫无疑问，让穆罕默德保持理智是非常重要的；他很有可能对美国的安全利益有价值。但是，被俘虏并被指控为恐怖活动策划人的生活，对保持头脑清醒没那么有益。2013 年夏，一份报告显示，在穆罕默德成为美国人的俘虏并被秘密关在罗马尼亚的中情局监狱的十年里，他要求进行一项活动，让他在审讯间隙保持头脑敏锐和精力集中。据美联社报道，一个仅被确认为"前中央情报局高级官员"的人表示，穆罕默德要求设计一款真空吸尘器。

　　该消息源显示，拥有北卡罗来纳州立农业技术大学机械工程学位的穆罕默德希望，可以获准绘制吸尘器的图纸。但几乎可以肯定的是，这款吸尘器永远不会被制造出来。他选择这个项目的原因是未知的。不过，他的军方指派律师贾森·赖特告诉美联社，这样一个项目符合穆罕默德的爱好；在对伊斯兰教和《古兰经》保持极大热忱的同时，穆罕默德也惊讶于现代技术之美。

　　据称，中央情报局批准了穆罕默德的绘图请求。此外，他们还允许他查阅一些在线资料，帮助他设计示意图。所以，在某个文件柜或数据库里，可能放着一份家庭清洁系统改善计划。它的设计人是历史上公认最可怕的恐怖分子之一。

　　我们当然没法肯定信息的真实性。因为，中央情报局不会承认或否认这位官员对美联社说的话。面对一项基于《信息自由法案》的请求，中央情报局称，如果这些文件存在，也将是该机构的绝密文件。另一方面，赖特回答美联社的问题时，也用了点幽默的技巧："听起来很荒谬，但回答这个问题，无论确认还是否认一份设计的存在——不管它是一款真空吸尘器，还是一个速易洁除尘器，甚至是一条更好用的擦手巾——都显然会让美国政府及其公民面临极其严重的危险。"

延伸阅读 _____

　　由于理查德·里德曾把爆炸物藏在鞋内，试图炸毁一架飞机（幸好没成功），美国的航空旅客在机场安检时需要脱掉鞋子，放入安检扫描仪进行检查。不过，还有一个解决方案。交通安全管理局（TSA）推出了名为"TSA预检"的项目，允许"低风险旅客在参与该项目的美国机场检查点进行更快捷、更有效的安全检查"。在交了不可退还的85美元申请费后，符合条件者可以不用检查鞋子和皮带。

_____

"布什市场":
靠战争发财的阿富汗商人

  "9·11"事件后不久,美国军队前往阿富汗喀布尔,希望阻止恐怖分子再次袭击。从那以后,喀布尔开始有美军驻扎了;在过去的八年里,一些当地居民感受到了军队带来的经济效益的提高。

  根据《华盛顿邮报》的报道,有些人因而欢迎美军驻扎,并希望他们待得久一些。

  美国士兵带来了枪支等各种各样的武器和坦克,但他们也带来了其他东西,比如零食、洗漱用品,以及在阿富汗不常见的其他杂物。大约在八年前,在这个饱受战争摧残的国家的首都开了一个黑市。由于最初下令进军阿富汗的美国总统是乔治·W.布什,这个黑市被命名为"布什市场"。据估计,布什市场拥有600家商店和摊位,出售染发剂、祛痘药、Pop-Tarts饼干和其他好东西。

  这些物品原本是给美国军人使用的,却经常流入阿富汗供应商手中——有时是通过贸易,但通常是通过盗窃的方式。根据《华盛顿邮报》的解释，虽然大部分物品是赃物，但阿富汗当局对黑市采取了放任的态度，除非美国人提出了要求——这种情况是很罕见的。美国当局也倾向让布什市场自由发展，除非那里出现了敏感的东西。大约两年时间里，还没有发生过这种事。

尽管当地还有效忠于另一个国家的武装人员，但许多供应商希望美国军队能留下来。这些商人认为，一旦美国士兵离开，商店的库存也会随之消失。《华盛顿邮报》采访的一位供应商甚至认为，考虑到货物供应的不稳定性，军队撤军的消息对这个市场的经济也会产生负面影响。

然后呢？一位匿名的商人告诉《华盛顿邮报》，许多阿富汗人"通过干这个变得非常富有"——以这个国家的标准。

延伸阅读 _____

Pop-Tarts 饼干在布什市场受到欢迎，不会让人感到意外——但这应该被算作美国人的成就。2001 年，美国开始空投食物（形式是 MRE——即食食品——军用定量口粮），希望为数百万饥民中的一些提供食物。据《巴尔的摩太阳报》的报道，为了"向阿富汗人介绍美国食物"，许多即食食品中专门加入了 Pop-Tarts 饼干。后来的报道表明，美国当年在阿富汗空投了远超 200 万盒 Pop-Tarts 饼干。

_____

波格：
昔日玩具如何变成今天的货币

　　如果你在 20 世纪 90 年代的美国长大，你的童年标志可能是一些玩具。其中包括叫拓麻歌子的电子宠物，你必须照顾它，否则它会死掉；豆豆娃，一系列可收藏的填充毛绒玩具；当然还有波格。波格是一种圆形的薄卡片，直径大概只有一两英寸，其上通常会印有当时的流行文化元素，并用于同名的校园游戏中。

　　但是，20 世纪 90 年代的孩子长大后，波格像一时的潮流一样，人气逐渐下降。下一代的学生把重点放在了全新的趋势和爱好上，波格基本消失了。

　　后来，它们回归了——到了阿富汗的美军基地里。

　　根据哥伦比亚广播公司的消息，"9·11"事件后，成千上万的美军被部署到阿富汗。到了 2011 年夏，驻军数量超过了 10 万人。提供给士兵的物品不都是定量供应的，士兵们可以在政府运营的百货商店或零售商场购物。根据维基百科的介绍，这些商店由国防部的陆军空军交易服务社（AAFES）管理。AAFES 的宗旨是"以统一的低价，向授权客户提供优质商品和必要的便利服务"。AAFES 还与麦当劳、汉堡王、赛百味、星巴克、家得宝、视频游戏零售商"游戏驿站"等知名品牌签有特许经营协议，在主店内或附近经营这些业务。

数以万计的士兵购买商品意味着经济上的数百万枚硬币。不幸的是，当硬币来自美国，而商店在阿富汗时，这成了一个问题。25 美分、5 美分、1 美分和 10 美分的硬币多了就很重——由 25 美分硬币组成的 100 美元重量超过五磅。所有硬币的运输都是被禁止的，因此，在阿富汗的时候，AAFES 发行了礼券。他们还试图寻找一种硬币的替代物，它要像硬币一样方便，但没有硬币那么重——答案就是波格。25 美分波格组成的 100 美元，重量大约只有硬币的 15% 到 20%。AAFES 发行了 5 美分、10 美分和 25 美分面额的波格。没有 1 美分的波格——我们面对现实吧，因为即使这不是向 20 世纪 90 年代时尚的倒退，1 美分也是够烦人的。（AAFES 商店将商品的成本转移到了最接近的 5 美分硬币上。）

就跟在中学餐厅里一样，波格在军事基地也非常流行。自 2001 年被引入以来，波格已经成为全世界 AAFES 商店通行的货币。

延伸阅读＿＿＿＿＿

"波格"这个词最初是一个缩写，是一个果汁品牌，这个名字代表它的三种主要配料——西番莲（passionfruit）、橙子

（orange）和番石榴（guava）。而波格其实一开始是这种复合果汁饮料的瓶盖，这个名字后来沿用下来了。

更多延伸＿＿＿＿＿

　　人们可以在 AAFES 商店买到很多东西，但是有一样东西是士兵们买不到的，那就是电子游戏《荣誉勋章》。一个早期版本的游戏——在游戏发布之前——允许玩家以塔利班战士的角色，武力对抗美国人。尽管在公众的压力下，游戏出版商 EA（美国艺电公司）删除了这些角色（将"塔利班"改为了"反对势力"），但 AAFES 运营的商店里仍然不出售这款游戏。

＿＿＿＿＿

住在停车场:
当你逛不够当地的商场时，可以住在哪儿

　　与许多购物中心一样，美国罗得岛的普罗维登斯广场购物中心没有什么特别的东西。截至写本篇文章时，购物中心入驻了一家梅西百货公司、一家诺德斯特龙百货和一家彭尼百货。还有一个美食广场，连接着一家电影院与一家戴夫和巴斯特餐厅。临街是一家华馆餐厅、一家CVS药品连锁店、一家乌诺芝加哥烧烤店和一家芝士蛋糕工厂。包括剩下的付费停车场在内，整体都再平常不过了。

　　但到了2007年，最后一部分——停车场——出现了一些特殊变化：一个单间分时公寓。

　　一个违法的单间分时公寓就这样出现了。

　　20世纪90年代末，建造普罗维登斯广场时，一位名为迈克尔·汤森的艺术家住在这个区域，他当时二十八九岁。根据《沙龙》杂志的说法，他并不是非常推崇这个项目，把它视为拿着纳税人的钱修建的无聊建筑，还会改变附近社区的特色和天际线。十年后，他在详细描述自己的项目时断言：他在建造过程中注意到，停车场的范围内有相当大的区域注定要被闲置。大约五年后，这个空间会激发出一个新创意。

2003 年，作为购物中心圣诞购物季促销的一部分，普罗维登斯广场开始打广告。用汤森的话说，在其中一条广告中，"一个热情洋溢的女性声音谈论着，如果你（我们）能住在购物中心该多棒啊。广告的中心主题是，这家购物中心不仅提供了丰富的购物体验，还拥有所有生存及健康生活用品"。自称艺术家的他决定把之前的断言变成现实。在接下来的几个月里，他进入了那个750 平方英尺的空间，把它改造成了一个小公寓。

汤森每次会在公寓里住长达三周的时间，把那些日子里的自己描述为商场的居民。不住在那里的话——他并不是无家可归，大部分时间里，他都在一栋真正的公寓楼里，住在一间合法的公寓里——其他的艺术家朋友就会来到这个秘密空间，住进他的临时住所。公寓存在的将近四年的时间里，大约有五六位艺术家先后在此寄住。

2007 年，在一次小规模的突击检查后，所有这一切都结束了。商场保安发现"住所"后，联合普罗维登斯警方设了一个诱捕圈套，想抓住离开专属度假屋的汤森。当时，汤森及其同伴做的工作给人印象深刻。屋里除了缺少自来水（居民必须使用商场洗手间，我们就不考虑他们怎么洗澡了），其他摆设应有尽有。据《波士顿环球报》报道，公寓里的设施包括"一套组合双人沙发、咖啡与早餐桌、椅子、灯具、地毯、绘画、一个装满瓷器的橱柜、一个华夫饼干烤模、一台电视机和一台索尼 PlayStation 2 游戏机"。

讽刺的是，汤森被抓的时候，游戏机已经不在了；有人闯进公寓，把它偷走了。

偷走 PlayStation 的人一直没抓到。汤森因为犯下的罪被判了缓刑。

延伸阅读 _____

2007 年，在罗得岛普罗维登斯，拥有一间未经批准的公寓显然是违法的。但令人难以置信的是——也许是偶然，卖淫不属于违法行为。1980 年，立法者在修改国家律法的同时，删除了处理卖淫的部分，但保留了处理站街揽客、经营妓院等部分。这样一来，在该州区域内，性服务买卖就变成了合法行为。一些政客表示，删除处理卖淫的条款是个错误，但直到 2009 年法律才改回去。

温暖的美国商城：
美国最大的商城如何避免可怕的供暖账单

    美国商城位于明尼苏达州的布卢明顿市，离明尼阿波利斯市和圣保罗市只有几英里远。这座商城规模巨大，除了拥有近 300 万平方英尺的零售空间外，还吸引了美国最大的室内主题公园——环球娱乐城、海洋生活明尼苏达水族馆、一片迷你高尔夫球场、一间婚礼教堂，以及其他旅游度假景点的入驻。它占地 420 万平方英尺，是美国最大的购物中心。（位于宾夕法尼亚州的普鲁士王购物中心的店面建筑面积比美国商城稍大，但后者的总面积更大。）对布卢明顿地区的居民来说，这个商城也是躲避严酷天气的港湾——比如说，从 12 月到次年 2 月，平均最高气温低于冰点，当地居民还要经常面临下雪天。

    然而，尽管有这样的面积和位置，美国商城的供暖费用却很低，几乎等于零。

    美国商城的建设始于 1989 年夏。它坐落于一个当时废弃的棒球与橄榄球场馆——大都会体育场。这里也是美国职业棒球大联盟明尼苏达双城队、美国职业橄榄球大联盟（NFL）明尼苏达维京人队的主场。在建造这个综合设施时，所有人和开发商认为，公共空间供暖要引起特别的注意，特别是在寒冷的冬天（附近的圣保罗平均每年降雪量可达50英寸）。商城所有人决定使用绿色能源，而不是安装大型集中供暖系统，希望在此过程中节省大量资金。

商城有超过1.2英里长的天窗，每一扇窗都带进来一点阳光，让店与店之间的连廊温暖起来。然后，商城使用的所有设施都能产生多余热量——自动扶梯、灯和过山车（是的，商城里有个过山车），即使在冬天，这也有助于保持商城内温暖舒适。最重要的是购物者、游客和员工——他们的身体热量意味着你很少会发现哪一天商场内部的温度低于21℃。

一些店面仍有自己的供暖系统，通往购物中心的许多入口也有加热器。不过，由于商城设计和内部人流的存在，所有公共区域的热量是充足的。事实上，里面的热量可能太足了——有时候，所有这些免费的热量让商场变得过于温暖。即使在冬天，开空调的情况也不常见。因为，特别繁忙的日子里，室内环境可能让人热得不舒服。

延伸阅读 _____

在阿曼门诺派聚居地，你不会看到很多空调。我们大多数人认为是现代便利设施的东西，阿曼门诺派教徒基本都予以避开，并因此名声在外。然而，在俄亥俄州的一些阿曼门诺派地区，太阳能电池板的使用非常普遍。所以，2007 年往后，你会发现更多太阳能电池板在使用中，并且在人均使用量上比州内的其他任何社区都要多。这是因为，与大众看法相反的是，阿曼门诺派不反对使用电力。不过，根据《连线》杂志的报道，他们"拒绝了公共电网的诱惑，不想与外部世界直接联系，或依赖外部世界"。从很大程度上来看，太阳能电池板不存在这些依赖关系。

土豆种植者与野兔：
追羊追出来的超级马拉松冠军

　　西田集团拥有并经营着许多英语国家的购物中心。其中两个商场位于澳大利亚（西田总部所在地），相距约 544 英里，分别是位于悉尼的西田帕拉马塔购物中心和位于墨尔本的西田唐克斯特购物中心。1983 年，它们是西田集团在该国的最大的两座购物中心。大概是为了制造宣传噱头，它们的母公司在两个商场之间组织了一场比赛。4 月下旬，悉尼至墨尔本西田超级马拉松赛开跑。不出所料，大多数参赛者都是年轻而老练的超长距离跑步运动员。在关注赛事的马拉松圈里，他们的名字家喻户晓。

　　选手开跑后，经过 5 天 15 小时 4 分钟的时间，冠军冲过了终点线。他是一位土豆种植户，名字叫克利夫·扬。比较有意思的是，他在第一天比竞争对手落后了几英里。噢，对了，他当时 61 岁了。

　　他比第二名快了 10 小时。

　　说句公道话，扬一生都在奔跑；他只是没有参加过正式的竞赛。

即使在 60 岁的时候，他还在童年成长的家庭农场上工作和生活。2000 英亩的农场以土豆为主要作物，也是多达 2000 只羊的家园。在各种媒体报道中，他解释说，在他成长的过程中，他家买不起拖拉机和马。当风暴袭击这个地区时，圈集羊群成了一大考验——扬不得不亲自跑过去忙活。他表示，在圈集羊群的时候，他要连续跑上两三天——经常是穿着雨靴。他坚信，这样的耐力使他比其他运动员更有优势。

但是，当比赛开始的时候，扬没起好头。扬不像大多数其他参赛者那样大步跑，而是拖着脚小步跑——与其说是在跑，不如说是摇摇晃晃地走。大多数参赛者把他抛在了尘土中。当比赛进行了 18 小时，参赛者进入到通常的 6 小时睡眠时间，扬距离先头部队还很远—— 一些人为之好奇，另一些人则不吝嘲笑。

6 小时后，其他选手醒来发现，扬没有停下来睡觉，现在遥遥领先。

在 5 天多的跑步过程中，人们现在还不清楚他睡了多久——根据一些报道，扬根本就没睡，不过无论他睡了多久，时间都不长。扬远超对手获得第一，是因为他比对手花了更多时间奔跑（睡眠时间更少）。他把自己的耐力归功于追逐羊群的经验，以及不同寻常的跑步方式——出乎观众与其他选手意料。

事实证明，这其实真的有影响。人们普遍认为，扬的跑步方式——现在被称为"扬式跑法"——比其他人的跑步方式节省精力。在扬得奖以后，这种跑法备受许多超级马拉松选手青睐，其中包括悉尼至墨尔本超级马拉松赛后面几届冠军获得者。

延伸阅读 _____

　　世界上保持不睡的最长纪录是多久？根据《科学美国人》的说法，纪录是 264 小时。这项纪录是 1965 年由一位 17 岁的年轻人创造的。为了做科学展览试验，这位年轻人大约 11 天没有睡觉。

_____

步行：
最平凡的体育项目

    步行是一种非常基本的运动方式——几乎所有人都能做到，并且经常这样做。这也是我们认为理所当然的事情，几乎不会再三考虑。为什么会这样呢？散步使我们与许多其他动物区别开来，这是司空见惯的事情，我们认为这没什么特别。

    现在将步行与当今的大型体育项目进行比较。棒球、篮球、足球、网球和足球运动员都需要跑步。如果你打的是冰球，你还要会溜冰。体操运动员似乎在飞。自行车骑手、游泳选手，甚至是舞者，都在无意间相互竞赛。这一切都是为了提升体育荣誉感，在观众面前赢得欢呼声。每一项运动中都有英雄，从贝比·鲁斯、迈克尔·乔丹到迈克尔·菲尔普斯，再到穆罕默德·阿里。

    没人因为赢得步行比赛而出名，除了一个叫爱德华·佩森·韦斯顿的家伙。

    韦斯顿 1839 年出生于罗得岛。1860 年他打了一个赌，这将永远改变他的生活（并暂时改变体育界）。他打赌说，亚伯拉罕·林肯将在即将到来的总统选举中失利。他同意如果输了赌注，就参加林肯的就职典礼。有意思的是，韦斯顿必须步行去华盛顿参加这项活动。这是特别成问题的，因为韦斯顿住在大约500英里外的波士顿。

林肯赢得了大选。1861年2月22日，韦斯顿开始步行。整个旅程花了他10天10小时的时间。而且，天公不作美——他不得不在雪、冰和雨中挣扎，这次艰苦的旅行与在公园里散步可相去甚远。他几乎没怎么睡觉，边步行边吃东西（只有格兰诺拉麦片棒和封口袋的日子很难过）。但是，他按时到达华盛顿赶上了庆典。他的长途跋涉引发了媒体关注，使他变得小有名气。他甚至见到了林肯本人；根据维基百科的说法，他获得了"新总统的握手祝贺"。

韦斯顿发现了他的使命，继续走下去。据ESPN旗下的格兰特兰德网站的转述："1867年，他在26天内沿着邮路走了1200英里，从缅因州的波特兰到了芝加哥，成为家喻户晓的名字。韦斯顿所到之处，都会受到大批群众的欢迎；全国各地的报社记者都在讨论这项事业的价值。"他打破常规和应对恶劣天气的能力，引发了全美民众对一种新体育项目的兴趣，这个项目名叫"徒步"——竞赛型步行。

在这之后的19世纪下半叶，"徒步"红遍美国，甚至在英国也大受欢迎。有些比赛是城市之间的远足，有时需要几周。不过，巨大的商业价值存在于在麦迪逊广场花园等场馆中举办的"六天赛事"。《步行记》（*Pedestrianism*）一书的作者马修·阿尔吉奥在接受美国国家公共电台采访时解释说，选手们从周一0点到周六24点，会沿着一条跑道行走，跑道长度通常是八分之一英里。比赛规则多种多样，但在许多情况下，谁走得最远谁赢；在其他时候，比赛是看谁在不崩溃的情况下坚持的时间最长。（在所有情况下，参与竞赛的步行者每天都有短暂的休息时间，通常不到 8 小时。）这些比赛吸引了成千上万的粉丝、观众和赌徒，每人都愿意购买门票和各种商品。

　　在这项运动的鼎盛时期，韦斯顿是大西洋两岸家喻户晓的名字。他一生大部分时间都致力于这项运动，即使它的流行度下降了。1913 年，当时七十三四岁的韦斯顿在 51 天内从纽约市步行到了明尼阿波利斯。整个行程超过 1500 英里，相当于一天走 30 英里。

　　大约在 19 世纪 20 世纪之交，竞赛型步行开始没落。在汽车发明以后，它几乎完全消失了（不过，人气低很多的竞走项目坚持了一段时间）。极为讽刺的是，汽车残酷地剥夺了韦斯顿的知名技能。1927 年，在退出这项现已消亡的运动后，韦斯顿被一辆出租车撞倒。他再也不能走路了，只能坐在轮椅上。他在两年后去世了。

延伸阅读 _____

　　在当代，步行也可以是一种职业——尤其是在伊朗的德黑兰。由于德黑兰的交通与污染问题，政府只允许汽车轮换着上路——车牌尾号是奇数的在奇数日期上路，是偶数的在偶数日期上路。在交通拥挤的区域，一些想要规避法律的司机雇人走到他们车后面，挡住他们的车牌号，协助自己逃避交通罚单。

_____

达巴瓦拉：
一群给上班族送饭的印度人

想象一下，一个男人骑着自行车，载着20多个圆柱形金属容器，每个容器都像一个小啤酒桶或一个装有毒废物的运输胶囊。这些容器被称为"达巴"，通常由锡或铝制成。这些人就是达巴瓦拉，每天都有4500到5000个达巴瓦拉，骑车绕行印度孟买的每一条大街小巷。甚至在季风季节，他们也经常长途跋涉。总体算下来，达巴瓦拉们每天运输的达巴多达20万份。

不过，不用担心，他们是在送午餐。

达巴瓦拉直译为"盒子人"或"带盒子的人"。达巴是指盒子——有点用词不当，因为这里用的"盒子"显然是圆筒；瓦拉这个后缀意为用某件物品做某事的人。在这种语境下，达巴瓦拉只是送餐员，听起来像是一个站街人（pedestrian）——抱歉无意间用到了反向双关语。但在孟买，达巴瓦拉不仅是一份工作，还是一个技术工种，而且是非常成功的那一种。

　　达巴瓦拉这个行当开始于 19 世纪中后期的英属印度。许多来到印度的英国人不喜欢当地的饭菜，希望在工作中吃到更熟悉的午餐（被称为 tiffin）。然而，他们的办公室里没有厨房，带饭上班不是太累赘，就是不符合贵族殖民统治者的身份。把午餐从英国殖民者家里送到工作场所的需求，催生了一种"家庭手工业"。到 1890 年时，一家 100 人的快递公司负责该区域许多送餐业务。接下来的大约 50 年间，达巴瓦拉行业组成了一个联盟，现在被称作奴丹孟买午餐供应信托机构。今天，尽管英属印度已经消失许久，但这个行业仍在发展。2007 年，据《纽约时报》报道，达巴瓦拉业每年增长 5% 到 10%。

　　为什么这个行业发展这么快？孟买的交通简直像噩梦，大多数人开车从郊区到市区是不切实际的。乘坐火车是更好的选择，但这样带东西就难了。由于通勤时间太长，午餐不得不在前一天晚上准备好。有一小部分孟买职员（但数量相当多）选择让达巴瓦拉负责午餐配送。每一天，一个送餐员上午取午餐，骑车送到火车上，另一个送餐员负责剩下的送餐任务。每个月支付 450 卢比——大约是 8.25 美元，职员们几乎百分之百能收到家庭烹饪的午餐。

　　没错，几乎百分之百。达巴瓦拉通常不识字，以惊人的效率穿梭在孟买的路面上。《卫报》指出："《福布斯》给谦逊的达巴瓦拉打出了 6σ 的表现评级。在质量保证中，这个词用来描述 99.9999999% 及以上的正确率。换句话说，这相当于每送出 600 万份餐，只有 1 份没有送达。在实践中，这种错误率意味着，每两个月才会有一份餐送错。"2011 年，当《英国疯狂汽车秀》节目的一组人试图用汽车代替火车，在一次送餐任务中打败达巴瓦拉，结果却惨遭失败。

达巴瓦拉每个月可以赚到 8000 到 10000 卢比（大约为 150 到 175 美元），相当于每年 10 万到 12 万卢比。这比印度的人均收入——大约为每年 53333 卢比（约为 975 美元）——高很多，但许多人表示，这个水平是不够的。由于孟买地区较高的居住成本，加上近期的通货膨胀，达巴瓦拉联盟最近广纳了 2000 名出租车司机，达到 5000 名成员的规模。

延伸阅读 _____

如果 19 世纪法国著名作家居伊·德·莫泊桑想让达巴瓦拉帮他送午餐（先忽略当时巴黎没有达巴瓦拉的事实，至少莫泊桑在世时是肯定没有的），那他会要求把做好的饭菜送到巴黎埃菲尔铁塔的所在地，但不是因为他喜欢在埃菲尔铁塔餐厅用餐。完工于 1889 年的埃菲尔铁塔一开始并没有受到许多人的欢迎，尤其是莫泊桑。《纽约时报》指出，莫泊桑"把埃菲尔铁塔当作对法国辉煌文化遗产的冒犯。他经常在埃菲尔铁塔的餐厅吃饭，因为那是巴黎唯一一个让他不用抬头看'丢人的大铁架'的地方"。

_____

爱的冲水马桶：
领证的条件是新郎有马桶？

　　在纽约州，领结婚证的要求相当无聊。领证双方必须至少 18 岁，或者获得父母的同意（而且，在任何情况下，州政府都不会向 14 岁以下的人颁发结婚证）。某些近亲关系不能结婚，已婚人士没资格跟别人结婚。你还必须支付至少 40 美元。如你所料，这些都是非常简单的要求。但在颁发结婚证前，政府还要求新郎发送一张他的马桶的照片，目的是通过基础设施的改善，刺激文化变革。

　　但是，在印度的中央联合邦，如果你想参加一场特殊的结婚典礼，就必须拿出其他证明。新郎需要证明他的住所里有厕所。

　　真的。

　　2013 年年初，中央联合邦官员组织了一场集体婚礼，帮穷人家的女性嫁给未来的伴侣。这是自 2006 年或 2007 年以来一直存在的一个程序。这一次仪式吸引了将近 200 对夫妇参加，在大约一年的时间里，将近 2000 对贫困夫妇以这种方式步入了婚姻殿堂。中央联合邦正在借机解决另一个问题。

根据世界厕所组织——没错，真的有个世界厕所组织（而且，它其实是一个相当正经的慈善机构）——的说法，大约有 25 亿人无法用上功能正常的私人厕所。他们大多生活在发展中地区，并且非常贫穷，中央联合邦的新组家庭也不例外。最近的一项调查表明，一半的印度家庭没有厕所，这是一个重大的公共卫生问题。《快公司》杂志指出，粪便处理不当是全世界儿童死亡的最大杀手，每年夺走 140 万条年轻生命。根据彭博社 2007 年的一则报道，印度的土地上每天堆积的人类粪便多达 10 万吨。

截至目前，我们不知道"先有厕所再领结婚证"的程序是否会有效缓解这个问题。但是，这个问题足够严重，否则这样荒谬的要求就说不通了。

延伸阅读 _____

关于同一个问题，加纳正在寻找另一种解决方法，但其解决办法并不涉及婚姻，而是涉及回收利用。根据 GOOD 网[①]的报道，"粪便污泥"（他们的原话）可以用作一种工业燃料——基本上是一种（令人相当恶心的）生物柴油。思路是，如果可能的话，

_____

① 一个鼓励行善、变革观念的网站。

在粪便变成日常污染物前，各个市场将其买下来，从而创造必要的经济动力，以防止随意倾倒粪便的行为。这项举措背后有着强有力的支持——比尔及梅琳达·盖茨基金会。

印度愚公：
带着锤子、凿子和钉子，你能走多远

　　1992 年，加拿大歌手席琳·迪翁发行了一首名为《爱能移山》的单曲，在美国公告牌百强单曲榜上排第 36 名，在加拿大同等排行榜上排第 8 名。这首歌的歌名也许不该这么按字面去理解。但是，没人愿意告诉一个叫达什拉斯·曼吉的印度劳工。

　　曼吉来自印度东北部靠近格雅市的一个小村庄。大约 20 世纪 50 年代或 60 年代——不同的来源显示的具体日期也不同，他妻子发尔谷妮·德维生病了，需要接受医疗护理。据印度《每日新闻与分析》的报道，曼吉和德维所在的村庄和最近的山区医院之间没有道路贯通。夫妇俩绕山跋涉了 45 英里（约 73 公里）——但是，那时已经太晚了，德维死了。此后，曼吉对自己发誓，保证再也没人会遭遇类似的厄运。于是，他开始挖隧道。

　　在接下来的 20 年里，曼吉日夜工作，以他的村庄为起点，从山中间开出一条道路；根据《印度斯坦时报》的报道，他只用了锤子、凿子和钉子。20 世纪 80 年代（同样，信息来源不同，竣工日期也不同），当他完成这项工程的时候，这条隧道达 360 英尺长、25 英尺高、30 英尺宽。由于他孜孜不倦的工作，他所在社区的居民现在可以穿越山区了，这不是一个小成就。曼吉开出的道路大大缩短了从他所在的区域到邻近的区域的行程，距离从 45 英里缩短到只有大约半英里。

不幸的是，这只是整个工作的一部分。连接山口到主道路需要实施一个公共工程项目。虽然当地政府最初同意为项目提供资金，但项目在 2007 年被搁置了。曼吉在当年晚些时候去世了。为了纪念他的成就，印度为他举行了国葬。之前的道路工程是否已经恢复，目前还不清楚。但另一个正在进行中的项目也许更合适。根据《印度快报》的说法，当地政府正在曼吉的村庄附近修建一所以他的名字命名的医院。

延伸阅读

在澳大利亚墨尔本以北 35 英里处有一座山，它在 1824 年第一次被登顶。探险家们以为，从山峰上能看到墨尔本南部的水域——菲利普港湾。但是，当他们到达山顶时，发现树木掩盖了壮观的景象。他们按当时的感受命名了这座山，今天，如果你愿意的话，可以去徒步旅行，看看这座"失望山"。

埃奇库姆火山:
突然"醒来"的休眠火山

　　克鲁佐夫岛位于北太平洋中,是沿着加拿大海岸线分布的阿拉斯加众多岛屿之一。它距离美国阿拉斯加州首府朱诺不远。克鲁佐夫岛是埃奇库姆火山的所在地;这是一座休眠火山,绵延大约 3200 英尺到达山顶。埃奇库姆火山是一个旅游胜地,游客可在此进行一次轻松的徒步旅行,并且通常是安全的。但爬山最困难的部分是先到达山脚下——克鲁佐夫岛没有长期居住人口,所以没有定期到山上的交通工具。最近的城镇是阿拉斯加州的锡特卡,位于附近的一个岛上。为了登上埃奇库姆火山,人们通常要从锡特卡出发。

　　一般来说,火山附近建城市的想法不太好,但是埃奇库姆火山已经沉寂了几千年——它最后一次爆发是在 4000 多年前。但在 1974 年,锡特卡镇受到了惊吓。显然,埃奇库姆火山开始从长期的休眠中醒来。那年 4 月的第一天,山顶上冒出了一股黑烟。从该地区观察到的火山情况异常清晰，锡特卡镇的人们很容易看出火山正在发作。埃奇库姆火山不再休眠了吗？

海岸警卫队派遣直升机飞越火山口去查看——谁知道查看什么。然而，直升机驾驶员看到的不是一次喷发，而是雪地里喷绘的黑色大字：

"四月愚人"。

锡特卡镇成了一次超级恶作剧的目标。

恶作剧者名叫奥利弗·比卡尔，他的朋友和家人更喜欢叫他波奇。1971年——往前推了3年！——这个中年男人想出了这个主意，并开始准备。他在飞机库里存了几十个旧轮胎，等待机会的到来。巧合的是，到了1974年的愚人节，所有条件近乎完美。他说服了几个朋友（和一名直升机驾驶员），帮他把收集的轮胎运到山顶上，全部泼上煤油后点燃。他甚至费劲获得了联邦航空管理局和当地警方的许可，以防止他们因为恶作剧被捕，并确保当地官员能够防止恐慌爆发。（他们忘记或忽略了通知海岸警卫队。）

比卡尔不仅没有因为恶作剧惹上麻烦，而且根据"恶作剧博物馆"网站的叙述，他其实还受到了媒体的正面报道，引发了当地人的积极回应。一位海岸警卫队指挥官甚至祝贺波奇的恶作剧圆满成功。

延伸阅读 ＿＿＿＿＿＿

阿拉斯加州朱诺市只能通过空路或海路抵达——这个城市的

所有汽车和卡车都是通过驳船或渡轮运入的。考虑到该地区的环境条件，道路建设和维护费用都很高。朱诺的所有道路都位于这个城市的内部。

————

佐治亚理工学院的骄傲：
一个从不上课的学霸

1931 年，乔治·P. 伯德尔从佐治亚理工学院（简称佐治亚理工）毕业，获得了陶瓷工程理学士学位。几年后，伯德尔获得了这所大学的硕士学位。其中一本大学年鉴中，将他列为一名篮球队员，他的加入是在亚特兰大主流报纸《亚特兰大宪政报》上宣布的。不久后，他离开佐治亚理工学院，在第二次世界大战中服役一段时间——他一度被列为空军的一员，在欧洲上空执行过十几次飞行任务。但佐治亚理工学院是伯德尔的家，他回到了学校，选了无数的其他课程，并给校报的编辑写信，在校园社团内状态活跃。他在足球比赛中无处不在，经常被播音员提到名字。在学生中心，甚至有一家以他的名字命名的商店。在佐治亚理工学院，乔治·P. 伯德尔是一个受欢迎的家伙。

但他完全是一个虚构的人物。

1927 年，威廉·埃德加·史密斯被佐治亚理工学院录取——

但出乎意料的是，他收到了两份入学注册表。虽然大多数人会把第二份直接扔掉，但史密斯决定搞个恶作剧，用假名把第二份也注册了。史密斯把他的高中校长的名字（乔治·P.巴特勒）和一个世交的娘家姓（伯德尔）加起来，为他的恶作剧组合了一个假名。从这一刻开始，史密斯在佐治亚理工学院的行为都通过伯德尔体现出来。如果史密斯选一门课，伯德尔也会选这门课。交作业时，也会稍微调整一下，充当伯德尔的作业。参加考试时，他会参加两次——一次为自己，一次为自己的"影子"。伯德尔就这样毕业了，成了一位正式校友，尽管他从未存在过。

尽管学校在尽力防范，但从此以后，其他学生也开始效仿史密斯的做法，为他大量选课。（为防止伯德尔出现在班级名单上，学校多次升级了系统；事实证明，还是学生们聪明，一次又一次地挫败了这些尝试。）伯德尔被列入空军队伍、加入佐治亚理工学院篮球队，出现在其他地方，都是一个恶作剧的副产品。在近一个世纪的过程中，这个恶作剧有组织地发展壮大——看不到尽头。

延伸阅读 _____

尽管伯德尔骗局"经久不衰"，但它可能不是时间最长的一个。1917年年底，美国记者H. L. 门肯在《纽约晚邮报》上写了一篇专栏文章，题为《一个被忽略的周年纪念日》，讲述了被埋没的浴缸史。门肯讲述的浴缸史是一个未曾披露的虚构故事：米勒德·菲尔莫尔总统为了在美国推广浴缸，于 1850 年在白宫安装了一个。虽然这故事是编造的，但有一些"事实"被当成真实案例引用。直到 2008 年，这种现象依然存在（比如说，一条起亚的商业广告之类的）。

寻人启事：
住在萨凡纳市的失踪人口

本雅曼·凯尔失踪了。

本雅曼·凯尔还住在佐治亚州的萨凡纳市。如果你有他的地址，可以去拜访他。他会在那里，做他每天做的事。

但是如果你去查看失踪人员网站 Doe Network，失踪人员名单里也有他，他的案卷号是 1007UMGA。但与该网站数据库中的其他人不同的是，凯尔列在那里不是因为没人知道他在哪里，而是因为没人知道他是谁。

2004 年 8 月 31 日，在一家汉堡王后面的垃圾场附近，有人发现了神志不清的凯尔。他赤身裸体，筋疲力尽，还被火蚁咬伤了。他的钱包和身份证不见了——他的许多记忆也消失了。他回忆不起过去 20 年里发生的任何事情。他不知道自己叫什么名字、从哪里来，甚至认不出自己的脸。这位神秘男子之所以用"Benjaman Kyle"这个名字，部分原因是它的首字母和汉堡王

（Burger King）的首字母相同。他相信自己的真名是（拼写奇怪的）"本雅曼"，所以用了这个名字。但是，几乎没有证据能证明他是对的。

　　他的记忆像碎片一样。但在过去的几年里，他和别人拼凑了一些信息，可能是关于他在 2004 年夏天之前的生活。他认出了印第安纳州印第安纳波利斯市的某些地标。别人就此断定，在 20 世纪 50 年代末到 60 年代初，他生活在这个地区。他还有一些零星而详细的记忆，涉及科罗拉多大学博尔德分校的某些部分，如图书馆和校园附近的其他地点。这明显说明，在 20 世纪 70 年代末或 80 年代初，他曾就读于这所大学。这些信息碎片加在一起，表明他的年龄大约是 60 岁。

　　凯尔还非常了解餐厅和食品准备工作，他记得如何操作机器。（虽然他失去了记忆，但他习得的许多技能仍然完好无损。）不幸的是，他仍记不起自己的社会保障号码（SSN）——他拿不到身份证，因此无法获得工作。到了 2011 年，这一点发生了改变。在一个地方政府机构的帮助下，他拿到了政府发放的身份证，后来找了份洗碗的工作。

延伸阅读　_____

　　英格兰的本·普里德摩尔是一位记忆大师。他能用几分钟记住许多副扑克牌，曾经只用了一个小时的时间，就记下了 27 副扑克牌的顺序——一共 1404 张（不含大王、小王）。最不可思议的是，普利德摩尔曾用 26 秒的时间，就记住了一副扑克牌的正确顺序。

失踪儿童：
在政府眼皮底下消失的700万个孩子

　　1987年春——如果你问过政府会计师的话，至少有大约700万名美国儿童消失得无影无踪。700万个孩子，就这样不见了。根据斯克里普斯·霍华德新闻社1990年的一份报告，至少400人因犯下与这些儿童失踪有关的罪行被调查。

　　这是一场世纪犯罪阴谋吗？几乎算不上。只是某种普通的税务欺诈。

　　美国联邦所得税法是一份长达70000页、规则和要求烦琐的文件。然而，还有一个更为人熟知的规则是，父母可以把孩子称为"被抚养者"，因为大人要满足孩子的生存、庇护和其他基本需求。当税收季来临时，把孩子称为"被抚养者"会为你省下一些钱。（补贴是众所周知的。所以，难怪产科医生会半开玩笑地告诉准父母们，最好在新年第一季度到来前生孩子，确保这个孩子被算进当前的纳税年度。）从数学角度看，可以快速解读为：更多孩子意味着缴更少的税。

但是，如果你平衡预算的策略是要更多孩子，那么，这个想法就非常可怕了。孩子的花销巨大——他们花的钱很轻松就能超过帮你省的钱。因此，有些人肯定会向政府撒谎。成千上万的人写下自己有孩子，在此过程中从"山姆大叔"（指美国）那里得到一些救济，并假装孩子真的存在。嘿，这是意外之财，对吧？

当国会通过《1986 年美国税收改革法》时，一切都变了。其中一项条款要求，如果你宣称的"被抚养者"在 5 岁以上，就必须在纳税申报表中填写他 / 她的社会保障号码。就这样，此前被称为"被抚养者"的 700 万个孩子消失了。

虽然其中一些孩子确实是存在的——也许父母没有、不打算或无法为他们申请社会保障号码，但我们有充分的理由相信，在许多情况下，欺诈是当时的风气。美国国家税务局进行了一项研究，想查明所有孩子的去向，结果令人吃惊。在 1986 年，至少有 6 万个家庭声称至少有 4 个孩子需要抚养。到了 1987 年，他们声称根本没有一个孩子。更令人震惊的是，超过 1.1 万名纳税者声称的孩子数量，至少比前一年少了 7 个。（是 7 个！）在这 1.1 万人中，有近 5% 的人受到了明显欺诈行为的刑事起诉。

所以，大多数"失踪"的孩子一直没找到。但是，美国国家税务局还有一项发现——总税收额比前一年增加了 28 亿美元。

延伸阅读 _____

　　在纽约州（截至 2013 年），供家庭消费的食品不用交销售税，而餐馆里卖的食物要征税。有时候，你购买的食品很明显属于其中一类，但情况并非总是这样，比如面包圈。根据《今日美国》的报道，如果在当地的面包店买了一两个面包圈，你是不用交税的。但是，如果你要把面包圈切成片呢？准备额外支付 8% 的税吧。一个"改变用途"的面包圈——切片导致了用途改变——被认为是店内消费。

_____

重复的号码:
为什么很多人认为他们的身份证号是重复的

　　自 1935 年 8 月启动以来,社会保障一直是美国经济和政治的一部分。作为新政的一部分,富兰克林·德兰诺·罗斯福总统签署了《社会保障法》,旨在缓解老年公民的贫困状况。当时,大约 50% 的老年人生活水平在贫困线以下。社会保障创立了工资税,并将这项收入用于每月向老年人发放福利,以及一次性死亡抚慰金。

　　为了打造这个系统,联邦政府推出了社会保障号码——系统跟踪所有收入和支出的唯一标识符。不幸的是,我们现在也知道,身份盗用猖獗的部分原因是,SSN 系统几乎无法防止我们的号码被别人盗用。以希尔达·施拉德尔·惠彻为例,仅在 1943 年一年,她的社会保障号码就被 5755 人使用过。

　　但惠彻并不是几千次身份盗用行为的受害者。更确切地说,她的号码是在钱包里公布的。

1938 年，在《社会保障法》正式颁布几年后，一个钱包制造商决定在皮革产品中加入样本卡，鼓励购买者用新钱包来携带社保卡。（事实证明，这是一个糟糕的建议；社会保障管理局提示，不要随身携带会暴露社保号的任何物品。）卡片上标有"样本"一词，免得钱包的新主人以为，提供的卡片上是真实的社保号。惠彻是想出样本卡这个主意的经理的秘书。样本卡上印的是她的社保号——078-05-1120。

这款钱包创造了零售业的成功。当全国最大的单一品牌零售连锁店——伍尔沃斯决定销售这款钱包时，它在全国各地找到了销售渠道。不幸的是，惠彻后来发现，成千上万的人开始使用她的社保号——给她带来了种种不便，包括来自联邦调查局的一次拜访。自从样品卡第一次印刷后，总共约有 4 万人声称 078-05-1120 是他们的社保号。这种滥用持续了几十年。直到 1977 年——在这个社保号首印在样本卡上近 40 年后，仍有大约 12 人在使用惠彻的社保号。

惠彻和伍尔沃斯的教训惨痛，明白了"不要随意使用社保号制作文件，即使是样本文件"的规则。而另一个组织没有吸取他们的教训。1962 年，该组织印刷了一本小册子，旨在回答社会保障体系运作的常见问题。小册子的封面是一张社保卡的照片，上面的样本编号是 219-09-9999。当然，这个号码也被不明状况的养老金领取者和雇员错误地使用了。但尴尬的是什么呢？

发行小册子的组织是社会保障管理局。

第一个领取社会保障福利的人是艾达·梅·富勒女士。她在1939 年 65 岁时退休，于 1940 年 1 月 31 日收到第一张支票——22.54 美元。富勒在社会保障制度下工作了三年，所以她对整个保障金体质做出了一些贡献，但只有 24.75 美元。她在兑现第二张福利支票时，就已经开始赚钱了。富勒活到 100 岁，于 1975 年 1 月 31 日去世，也就是她收到那 22.54 美元的 35 年后。她总共领了多少社会保障福利？ 22888.92 美元。

生日问题:
怎么利用生日赢得酒吧赌注

让我们做几个假设。首先,我们假设生日是随机分配的——在人数足够多的情况下,12 月 13 日出生的人数,跟 11 月 22 日或 4 月 14 日出生的人数大体相同(事实证明这不太对)。第二,我们假设 2 月 29 日——闰日——是不存在的(这也不对)。最后,我们假设每个人用的都是 365 天的公历(大部分是对的)。明白了吗?没什么太多争议。

假设你走进一个空荡荡的礼堂。大约一分钟后,有其他人走进来。鉴于先前的假设,这人与你同一天生日的概率是 1/365(0.27%)。一两分钟后第二个人走进来,你跟这两人中的一个人同一天生日的概率增长到大约 0.55%。第三个人、第四个人进来了——你明白了这个思路。只有当第 253 个人走进房间的时候,你才有 50% 的机会与屋里的一个人同一天生日。这人不是第 182 或第 183 个。因为,前 200 多个人中,有一些人可能同一天生日。所以,你跟第254个人（包括你在内）同一天生日应该是符合直觉的——或者，至少不会令人震惊。

不过，让我们换一种思路，再来一遍。你走进一个空荡荡的礼堂，还是每隔几分钟，就有人走进房间。我们不想屋里有没有人跟你是同一天生日，先来谈谈房间里的每个人。让我们来问问："房间里有两个人是同一天生日吗？"数学概率一开始是一样的——两个人同天生日的概率仍然是1/365。第三个人呢？概率不再是0.55%了——现在，小组中任何一个人与其他人匹配的概率为0.82%。没错，你可能和另两人中的任意一个同一天生日——概率是0.55%，但是，他们两个人也可能同一天生日。这就是概率提升的原因。

要让任意两人同一天生日的概率达到50%，我们房间里需要有多少人？23个。不是230个，是23个。如下图所示：

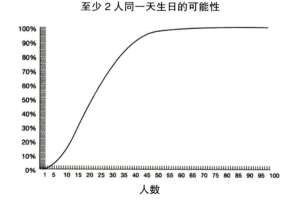

至少2人同一天生日的可能性

人数

可能性提高得很快，因为每个新来的人都可能与屋里其他人的生日相匹配。随着房间里的人越来越多，匹配概率就越高。等到了 57 个人时,房间里任何两个人在同一天生日的概率就超过 99% 了。而且,如果你想知道的话,到了 124 个人时,没有匹配的概率不到 0.0000000001%,也就是一百万亿分之一。

延伸阅读 _____

　　当然,生日不是随意分配的。有些月份出生的人数比其他月份多,原因是你可以想象的(而且你几乎肯定是正确的)。一周的日子应该是随机的——但至少在美国不是这样。为什么不是呢?根据 BabyCenter 网的解释,周二和周一的分娩数量最多,因为医院周末尽量不安排剖腹产或引产。

_____

生日歌：
为什么餐厅要唱可笑的《生日歌》

唱这首歌是一种传统：唱两遍"祝你生日快乐"，加上寿星的名字唱一遍"祝……生日快乐"，再唱一遍"祝你生日快乐"结尾。《吉尼斯世界纪录大全》（截至 1998 年）表示，《生日歌》是现存最有辨识度的英文歌，随后是《他是一个快乐的好小伙》，再然后是《友谊天长地久》。但是，与第二和第三首最具辨识度的英文歌相比，《生日歌》还有一个特点：它是享有版权的。

1893 年，来自肯塔基州的米尔德丽德和帕蒂·希尔两姐妹，谱写了一首歌叫《祝大家早上好》。现代人听了歌词可能觉得陌生："祝你早上好啊／祝你早上好啊／早上好啊，亲爱的宝宝／祝大家早上好啊。"然而，两姐妹这首歌用到的旋律，也被用在了《生日歌》中。

在接下来的几十年里，这首曲子和我们大家所熟知的歌词合二为一了。没有人知道，我们总唱的歌词到底是谁写的——无论你问谁，得到的答案要么是由同一对姐妹创作的，要么就是 20 年后才被人写出来。我们知道的是：这段歌词出现在了 1924 年的一本书里，紧跟着原创《祝大家早上好》排在第二小节。很快，这首歌又出现在其他一系列唱段中。1935 年，最早发行《祝大家早上好》的这家公司——与希尔三姐妹中的老三杰茜卡合作——取得了《生日歌》的版权。

如今，在公演和 / 或营利性表演方面，这首歌的版权归华纳音乐集团所有。（私人家庭聚会上可以放心大胆地唱这首歌。）单在 2008 年，华纳就收入了 200 万美元的版税。几十年前，华特·迪士尼公司为了在"未来世界"（Epcot Center）使用这首歌支付了5000 美元。

一些人会采取措施，避免支付费用。例如，即便《生日歌》更合适，一些电影制作人也会使用《他是一个快乐的好小伙》。比较荒谬的是，为了避免向华纳音乐支付版权费，当客人庆祝生日时，一些连锁餐厅会指示服务员唱一首非正版的生日歌曲。

《生日歌》原定于 1991 年进入公版领域，但美国的两部版权扩展法（不是专门针对这首歌）将这首歌的版权延长了 40 年。在没有其他版权扩展的情况下，这首歌将在 2030 年进入美国的公版领域，并且已于 2016 年底在欧盟进入公版领域。

延伸阅读 _____

1963 年，一位名叫哈维·鲍尔的艺术家创作了标志性的黄色笑脸。他是以自由职业者的身份，代表现在的汉诺威保险公司创作的——但是，他和这家公司从未在版权商标局注册过这个作品。鲍尔从他的创作中总共赚了 45 美元——汉诺威付给他的酬劳。

——————

神奇的副本：
好莱坞为什么要制作一部不想让你看的电影

　　神奇四侠——神奇先生、隐形女、霹雳火和石头人——最早来自漫威漫画公司在 1961 年出版的同名漫画书，流行了几十年。2005 年，二十世纪福斯推出了一部关于这四位英雄的电影，预算为 1 亿美元，票房收入超过 3.3 亿美元。续集《神奇四侠 2：银影侠来袭》两年后上映，预算为 1.3 亿美元，票房收入超过 2.9 亿美元。尽管两部电影显然赚了一大笔钱，电影公司的高管们却比较失望，把电影的特许经营权搁置了近十年。（重启系列在 2015 年计划发布）。

　　还有一部《神奇四侠》电影——但你可能从未看过。严格意义上说，它于 1994 年问世，但从未进入影院，也没有发布家庭录像版本。更离奇的是，电影制片人一点也不在乎。事实上，他们可能还很高兴。

　　在 20 世纪 80 年代，漫威尚未开始制作电影。这家公司把一些角色授权给各个电影制片厂——所以，"蜘蛛侠"系列电影是由索尼发行的，"X 战警"系列电影是由二十世纪福斯发行的。（漫威保留了一些版权——最著名的是钢铁侠、美国队长、无敌浩克和复仇者联盟其他角色。未来某个时候，他们可能收回对外授权的角色，但可能不会太快。）神奇四侠是在这个繁荣时期被授权的特许经营权之一。在 1983 年，一家名叫新康斯坦丁的制作公司买下了版权，据说花了大约 25 万美元，制作了一部《神奇四侠》电影。

版权协议定于 1992 年 12 月 31 日到期。随着日期的临近，新康斯坦丁还没准备好一部暑期大片——在到期前一周，他们甚至还没有开始制作。新康斯坦丁请求与漫威续约，但被断然拒绝了。所以他们想出了另一个主意：廉价制作一部非常糟糕的电影。

漫威和新康斯坦丁之间的协议规定，只要后者在协议到期前制作一部电影，就可以保留角色的权利。这个附属权利背后的逻辑是有道理的——如果制作公司能打造一部重磅产品，应该就能制作一部续集。许多人后来认为，新康斯坦丁把这当作一个漏洞。1992 年 9 月，他们带来了一个低预算制片人。他只要 100 万美元的预算——参照行业标准这就是小钱——就能快速制作出一部精彩的《神奇四侠》电影。影片制作是从 1992 年 12 月 28 日开始的，当时距离截止日期只剩下几天。一个月后包装就完成了。电影定于 1993 年底或 1994 年发行，但在上映前被取消了。

取消原因尚不清楚。漫威背后的传奇人物斯坦·李称，新康斯坦丁根本就没打算发行这部电影——仅仅凭借制作出这部电影，这家制作公司又控制了《神奇四侠》几年的特许权。新康斯坦丁高管的说法完全不同，声称漫威高管阿维·阿拉德听说了这部低成本电影。为了保护"神奇四侠"的品牌，他买下了所有版权，以及包括电影胶片在内的所有版本，并将其销毁。（如果这是真的，那他失败了；20 年后，网上出现了一份翻版。）

　　无论是哪一种情况，新康斯坦丁都得到了实惠。这家公司保留了《神奇四侠》的特许经营权。你看看 2005 年和 2007 年版《神奇四侠》电影的片尾，就会发现电影制作公司名单里出现了"康斯坦丁影业公司"——新康斯坦丁的新名。

延伸阅读

　　1978 年 11 月 17 日，在《星球大战》票房大卖后，哥伦比亚广播公司播出了第一部官方版《星球大战》衍生品，名叫《星战假日特别版》。这部 97 分钟的续集走的是古怪的综艺风格，让它变成了一场灾难，几乎受到了普遍的批评。为了回应负面评论，决策者决定不再播出这部电影，也不会发行家庭录像版。不过，多亏了互联网的魔力，你可以轻松找到一个网络版本。（但是，作为一个看过这部电影的人，相信我的话：别费劲找了。）

全息记录仪守护人:
以观看《星球大战》为生的人

1977 年,第一部"星球大战"系列电影《新希望》首次亮相时,介绍了一个行星、物种、宗教和民族组成的宇宙,其内容很快不再局限于一个长达 121 分钟的卢克·天行者战胜"死星"的故事。不幸的是,原来的三部曲后来被改编为三部"前传"。此外还有卡通、玩具、图书、视频游戏等一切周边产品。

所有内容都有很多细节——例如,背景故事分为不同的部分,涉及几十个不同物种和几百个不同角色。当故事变得过于复杂时,许多其他品牌"重启"了他们的宇宙,丢弃了大多数细节,只保留了大致框架。但是,"星球大战"系列的实际控制方卢卡斯电影有限公司选择了不同的战术。他们雇用了利兰·支(Leland Chee)。

他是"全息记录仪守护人"。

真的,他在领英简介中就是这么写的。

　　全息记录仪显然是"星球大战"世界中的虚构设备。伍基百科（Wookieepedia）——这不是打印错误，而是一个类似维基百科的"星球大战"非官方百科信息网站——将全息记录仪定义为一种"在看门人的监督下数据存储量惊人的有机晶格设备"。换句话说，它是一种很久以前来自遥远星系的高科技资料库。全息记录仪的现实版本就是利兰·支管理的"星球大战"信息数据库——如果你想表达出这个专有名词，那么，他被认为是"看门人"。

　　2000 年 1 月，卢卡斯电影有限公司雇用利兰·支打造这个数据库。（根据《连线》杂志的一份简介，他的官方头衔是"连续性数据库管理员"。）在他加盟这家公司前，曾在"星球大战"官方博客中解释说，卢卡斯电影有限公司拥有有关宇宙的大量信息。但是，这些信息很快变得纷繁复杂，让授权商和合作伙伴很难不在连续性上犯错。在过去的十年里，利兰·支将这些信息变成数字化格式，然后开始看电影、读书、细究视频游戏等，只为了尽可能完善这个数据库——全息记录仪。根据利兰·支的一篇博客文章，截至 2012 年，这个全息记录仪收入了"包括 1.9 万多个角色、2900 个物种、5300 个世界、2100 种不同类型的车辆在内的 5.5 万多个词条"。他还打造了一支团队，负责确保规范内容的连续性。这需要特别关注细节，正如《连线》指出的那样：

　　　　利兰·支的工作日有四分之三都用在查阅或更新这个全息记录仪。他还负责批准包装设计、浏览小说寻找错误，以及制作系统化的表格和文件，解决这样一些问题：《克隆战争》中，哪一个绝地武士还活着；一艘宇宙飞船从尤达训练卢克·天行者的达戈巴星球出发，需要多久能到达卢克的故乡塔图因星球。这位"全息记录仪守护人"

250

　　对此非常重视："一定有人会说：'卢克·天行者的光剑不会有那种颜色。'"

　　当出现错误时，利兰·支会试图解决问题，并在必要情况下进行追溯性的改变，以保持连续性（这个过程甚至有一个术语叫回溯连续性）。但是，这也并不是总能行得通。一些早期的作品过于复杂，难以追溯。比如说，1978 年饱受争议的《星战假日特别版》，或是第一部星球大战小说《心灵之眼的碎片》（小说中，卢克和莱娅有点放荡——两人还不知道彼此是兄妹关系），这些都被视为例外情况。

　　不过，最多的一类例外被标记为 GWL。这是一类要把"星球大战"的忠实粉逼疯的内容。例如，R2-D2 在前传中可以飞行，到了正传三部曲中就忘了这种能力；在安纳金·天行者故事中，R2-D2 和 C-3PO 都替欧比旺·肯诺比效力，但到了《新希望》中，欧比旺对两个机器人一无所知，两个机器人也对他没有认知。这类内容都是 GWL。GWL 是唯一比全息记录仪更强大的力量。

　　GWL 代表乔治·沃尔顿·卢卡斯（电影《星球大战》的导演）。

延伸阅读_____

　　在全息记录仪网站上，你找不到尤达的物种名，以及它的母星球。前者一直没命名，后者一直没发现。

更多延伸＿＿＿＿＿＿

　　2013 年夏，《星球大战》电影再次上映，引发了又一次开创性的热潮。7 月 3 日，《星球大战 4：新希望》成为第一部被译制为纳瓦霍语版的大银幕作品。这么做是为了让这种即将消失的美洲土著语言传承到下一代。根据美国国家公共电台的报道，纳瓦霍语版曾在亚利桑那州窗岩（Window Rock）的纳瓦霍民族展上放映，现在还有 DVD 版本。

＿＿＿＿＿

《玩具总动员》数据丢失的故事：
当巴斯光年归零时

　　1995 年，皮克斯公司发行了电影《玩具总动员》，讲述了一个充满玩具的房间——当真人不在的时候，玩具就会活过来。其中两个玩具——胡迪牛仔和太空骑警巴斯光年——带领着这堆玩具，争取成为一个叫安迪的男孩的最爱。跟他们一起的有玩具兵、一只弹簧狗，当然还有蛋头先生。这部电影票房大卖，收入超过 3.6 亿美元，并为四年后的续集做了保证。续集也取得了巨大成功，票房收入 4.85 亿美元，并促成了系列电影第三部的诞生。但是，第二部电影差点没上映，因为皮克斯险些意外删掉它。

　　你在使用任何技术时，都可能碰上错误。然后，噗！你的数据不见了。也许你不小心把手机上的视频删了。也许你在写一篇大学论文时，电脑没有备份就崩溃了。也许你正在下载一个文件时，连接超时了。或者你把设备摔坏了，里面装着你的照片。尽管我们尽了最大努力，但并不难遇到数字资料消失的情况。

不过，在大多数情况下，主要的媒体公司都没有这个问题。首先，一大堆服务器掉进卫生间或掉在水泥地上是非常困难的。其次，像大规模崩溃之类的状况通常不会导致数据被删除。但有时候，事情是会出错的。在这种情况下——由于不明确的原因，系统管理员决定在皮克斯的一个服务器上运行特殊命令（如果你理解 Unix 命令的话，这个命令是 rm*），该命令迅速而彻底地抹掉了驱动器的信息。

不幸的是，该驱动器上有一组非常重要的电影数据——据一个参与项目的计算机图形开发人员说，是"包含人物、剧集、动画等内容的原版拷贝数据库"。这部电影的监督技术总监加林·苏斯曼称，删掉的是要"二三十人工作整整一年"才能重塑的东西。虽然这可能是夸张，但数据丢失是大问题。

也许你会说，他们有备份驱动。毕竟，这是皮克斯——一家大型媒体公司。他们有大量的各种备份系统，对吧？没错！所以，没问题。

只是前一个月的备份失败了，而且没有人知道。结果，之前的备份反馈了错误信息。但不知道为什么，错误消息被限制了（可能是一个完整磁盘造成的）。所以，没人知道出了什么问题。《玩具总动员 2》近两个月的成果永远地消失了。

直到苏斯曼意识到，资料还去过其他地方——被她带回过家里。当时，她的几个孩子还小，她希望在家里工作。这是在无所不在的宽带时代之前，所以她不能直接连接到办公室的服务器，而是必须复制一份她需要的文件。这些文件包含大约 70% 的丢失文件。工作小组几乎能恢复所有的成果了。

不过最终，大多数内容都不重要了。事件发生后，皮克斯改了剧本。尽管新版电影保留了苏斯曼及其团队创作的许多角色和布景模型，但所有的动画和大部分的灯光设计都落在了记忆的黑洞里。然而，这个近乎灾难的故事流传了下来——《玩具总动员2》蓝光版上，就把这个故事当作了"彩蛋"。

延伸阅读

《玩具总动员》中，拥有玩具的孩子安迪和他妈妈都出现了，但是，他爸爸从来没有出场。为什么呢？一位皮克斯的摄影艺术家解释说："当时，制作人类角色的成本高得出奇，难度也相当之大。正如李说的那样，安迪的爸爸对故事来说是不必要的。"

更多延伸

《玩具总动员》和《玩具总动员2》让一种标志性的玩具免于下架。在1995年第一部上映前，制作过"蚀刻素描"（Etch A Sketch）玩具的俄亥俄艺术公司正处于严重的经济困难中。当"蚀刻素描"在《玩具总动员》中出现过12秒后，人们对这种玩具的需求暴涨。销量在几年后下降了，但在 1999 年再次激增。第二次上涨也许源于这款玩具的再次登场——这次是 45 秒，出现在《玩具总动员 2》中。

还原尼克松：
一段 18.5 分钟历史的复原之路

 作为总统，理查德·尼克松希望为后世子孙记录下一切——甚至是他不愿被人发现的东西。这最终导致了他的政治垮台；1973 年，随着"水门事件"丑闻登上新闻头条，他那铺天盖地的窃听系统也开始为公众所熟知。几千小时的谈话被记录在了磁带上。美国政府中没多少人能阻止公众发现他们的秘密。但是，其中有一盘磁带，以其丢失的内容而为人所知——在录音中出现了一段长达 18.5 分钟的间隙。这段间隙没有对话，只有嘀嗒声、嗡嗡声和静音。

 而且，它被当成国宝一样对待。

 342 号磁带——这是档案管理员们对它的称呼——包含 18 多分钟的已擦除信息。然而，由于它潜藏的历史意义，我们还没有放弃恢复那段话。录音最初是在 1972 年 6 月 20 日录制的，当时正值水门酒店被闯入三天后。录音中没有对话——最有可能发生在尼克松和他当时的幕僚长 H. R. 霍尔德曼之间，而是一片寂静。

没人知道磁带上的对话是什么——尼克松即使知道并且能记起来，也会把这些信息带到坟墓里。尼克松政府的解释失败了。一般来说，现在几乎没有学者认为，磁带的擦除部分包含不法罪行的明确证据。但我们人类天生的好奇心，让这件事变得太过神秘，根本忽略不了。

于是，我们就没有忽略。

尼克松离开白宫后，美国国家档案与纪录管理局（NARA）接管了包括342号磁带在内的磁带。根据《连线》杂志的报道，现在，它被储存在专门放置那些文字通俗易懂的文档和记录的地方：

> 走进马里兰州科利奇帕克的国家档案馆，要求查看342号磁带时，档案管理员会看着你，好像你刚才要求要在《独立宣言》上蹭一蹭脚一样。342号磁带被视为无价之宝。它被锁在一个气温保持在18.3℃、相对湿度40%的地窖中。在过去的30年里，这盘磁带只播放了六次，随后才让复制。

原因是什么？因为人们一直希望，曾经记录下的信息会以某种方式恢复。2001年8月，NARA开始了认真的复原过程，认为借助科技的进步，也许能将这些嗡嗡声转化成可理解的对话。无论是谁，只要有一套理论，能将嗡嗡声和噪音翻译成尼克松的话，NARA专家就会为他/她提供一份测试磁带。

虽然NARA不会付钱给任何人，但许多研究者决定一试——解决这个谜团本身就是一种奖励（可能还会创造新商机）。但大约两年后，NARA再次承认失败。档案管理员约翰·卡林告诉美联社，"我们探索了复原磁带声音的所有方法"，虽然没有取得成功，但他对此"非常满意"。NARA并没有放弃。他向媒体保证，

NARA "将继续保存好这盘磁带，希望后人能够再次尝试，恢复我们历史上的这段重要篇章"。

延伸阅读 ──────

1960 年，在美国总统竞选史上第一次电视辩论中，理查德·尼克松与约翰·F. 肯尼迪对阵。这场辩论似乎将对尼克松不利，因为跟肯尼迪不一样的是，他拒绝化妆。他当时出现了流感症状，看起来苍白、嗜睡，一个小小的错误因此被放大。这事影响有多大？根据 History.com 的报道，电视辩论的大多数观众认为肯尼迪会领先。但是，广播听众大多认为结果是平局，或者是尼克松将击败肯尼迪。

──────

卡拉马祖承诺：
一个人人免费上大学的地方

根据 2010 年的人口普查数字，卡拉马祖市人口不足 7.5 万，在密歇根州排第 16 位。与许多密歇根州的城市一样，卡拉马祖的人口在过去几十年里一直在萎缩；1990 年，那里有 8 万多人。（1990 年人口普查中，州内最大的城市底特律有 102.7 万人；根据 2010 年的人口普查数字，底特律的人口不足 72 万。）2000 年，24.3% 的卡拉马祖人生活在贫困线以下，其中，26%——超过四分之一——的贫困人口在 18 岁以下。

为了解决这个问题，在 2005 年 11 月 10 日的卡拉马祖教育董事会议上，董事会成员宣布了一些重大内容：该市许多学生可以免费上大学，或大幅减少大学学费。

该计划被称为"卡拉马祖承诺"。任何一名学生，只要在卡拉马祖公立学校系统至少学习四年并毕业，就能拿到一份奖学金——包括强制性费用（但不包括食宿费用），学校可以是密歇根州的任何一所州立大学（以及十几所私立大学）。奖学金的起始金额是学费的 65%，学生在卡拉马祖公立学校系统中每升高一年级，奖学金就会增加 5%。因此，在卡拉马祖教育体制下，如果一个孩子从幼儿园读到 12 年级，就可以通过承诺计划获得 100% 的大学学费。承诺计划是由一群匿名捐助者支持的，普遍认为，这群捐助者主要是史赛克公司和普强公司的家族成员。有传言说，前纽约扬基队游击手德里克·杰特（在卡拉马祖长大）也参与其中。

承诺计划的目标不仅是鼓励孩子上大学（并使之成为可能），而且鼓励家庭和企业搬到卡拉马祖，让一个落寞的城市继续前进。（事实上，《纽约时报》称，这项承诺计划"主要是为了促进卡拉马祖的经济发展"。）截至 2010 年 10 月，在宣布承诺计划将近五年后，卡拉马祖公立学校的入学率比前一年增长了 3%，扭转了整个州的趋势。还有些媒体报道了学校制度改善和房地产市场反弹的逸事。在后一种情况下，房主们经常宣传他们的房子"符合承诺计划资格""达到承诺计划标准"等，标榜他们家位于承诺计划地理覆盖范围内。

截至 2010 年，承诺计划已向约 2000 名高中毕业生支付了 1800 万美元的学费，并且没有停下来的迹象。这项计划对学生的影响有好有坏，但是都表达了希望。在高中阶段，卡拉马祖看到了重大的积极成果，大学预备入学率快速上升，明显高于全州平均水平，且与密歇根州其他中心城市正在经历的衰退恰恰相反。然而，（2011 年）获得奖学金的学生中，大约一半选择了在完成课程前退学。承诺计划的领导层正在寻找更多途径，更好地为符合条件的大学生提供大学教育机会。

延伸阅读 _____

德里克·杰特几乎没为扬基队效力过——他差点被另一支球队休斯顿太空人队选中。1992 年，在美国职业棒球大联盟选秀中，高中刚毕业的杰特被扬基队以第六顺位选中。太空人队拥有第一个选择权，但没有选择他，因为担心他要的签约奖金会高于一般水平。（杰特已获得密歇根大学的棒球奖学金，并可能以此为谈判条件。）哈尔·纽豪瑟是底特律老虎队 20 世纪 40 年代的名人堂投手。当时，他负责太空人队的球探工作，据信是他发现的杰特。纽豪瑟强烈建议选择杰特，但太空人队没有听取纽豪瑟的建议，而是选择了大学明星菲尔·内文。纽豪瑟愤怒地辞职了。

_____

居眠り：
趴桌睡觉人士的福音

第五节课是生物课，也许是在午餐后一小时。教授正喋喋不休地谈论克雷布斯循环之类的理论——你也不知道是什么。你坐姿端正，眼睛微张，慢慢地进入小睡，直到脑袋前倾，突然醒来。你茫然地环顾四周，不知道自己在哪里或刚刚发生了什么。但在任何人真正注意到你（或假装没注意）之前，你刚好恢复了，并可以随时与身边的同学交流。

这种情况太常见了——由于课程、作业和青春期的紧张，学生们发现桌前的自己几乎很少清醒。因此，2006年，少数高中尝试了一种简单直接的方法——老师们鼓励学生在午餐后进行短暂的午睡。

高中其实还是落后于时代的，因为在日本，人们不仅可以在工作中睡觉，而且有时候，这是一个人的奉献精神和活力的象征。甚至有一个词叫"居眠り"——字面翻译为"睡在当下"。

这个理论非常简单：努力工作的人会感到疲倦。因此，工作疲劳被认为是员工效率高的一个标志。当你疲劳时，身体会抑制你的思维，所以哪怕在工作时你也会睡着。在美国和其他西方文化中，这也许是不可接受的，但日本与众不同——因此，人们往往会假装小睡，让同事认为他们工作累坏了。（英国广播公司的一位专家认为，这种做法好比英国职员在下班后发送电子邮件，主要是为了证明他/她加班到很晚。）

按惯例，只有管理人员被允许"居眠り"。但他们这样做时，要准备好随时醒来——坐直了睡觉，虽然好像还在注意听，眼睛却闭上了。但近年来，这些文化限制已经减弱了。许多零售商现在都在销售办公桌枕头，把销售对象明确定为那些想在工作时间内打盹的人。而且，日本全国范围内还出现了小睡沙龙，在沙龙里租用一张长沙发30分钟，收取相当于几美元的费用。有些地方还搭售咖啡，人们喝完咖啡20分钟左右之后，咖啡因就会起作用——办公室职员可以喝咖啡后小睡，并被咖啡及时叫醒，重新回到工作中。

最值得一提的是，各个机构正在接受这一趋势。不仅包括我们之前提到的学校以及这些小企业。2006年，《华盛顿邮报》报道说，丰田在东京的办事处（不是经销商）在午餐时间会关灯，让工作人员进行15到30分钟补充精力的小睡——获得了高级管理人员的认可。一位公司发言人告诉《华盛顿邮报》说："在午餐时间，我们看到人们午休时，会认为'他们正准备在下午投入百分之百的精力'。没人会对此皱眉，而且在午餐时间，人们都会毫不犹豫地小睡一下。"

延伸阅读 ＿＿＿＿＿

　　比尔·盖茨年轻的时候，他超强的计算机能力受到了学校管理人员的认可（但不是因为好的方面——他和三个朋友操纵了计算机实验室的系统，为自己获得了额外的统计机时）。学校让当时还是学生的盖茨为他们创建一个课程安排系统，他同意了。不过，他也利用了这个机会：正如他后来在一次母校演讲中所说的那样："到我完成的时候，我发现我周五完全没有课了。更好的是，我所有的课程中，都有非常多有趣的女孩。"

＿＿＿＿＿

一个叫鲍勃的员工：
如何在不工作的情况下保持高产出

  2006 年，Inc.com 发布的一份报告得出一个可笑的结论——工作效率的下降使美国雇主损失超过 5000 亿美元，更精确点说，是 5440 亿美元。报告发现，在 8 小时内，员工平均花费 1.86 小时在"工作以外的事情上，不包括午餐时间和计划休息时间"。在接受调查的人中，有 52% 的人"承认在工作时间内，最让他们分心的是上网干私事"。

  当然，这些数据根本就是垃圾。员工应该永远集中精力、任何注意力不集中都会导致生产力下降的想法，是没有科学或现实依据的。但每隔一段时间，就会有一个员工走向极端。他做的工作不多，甚至什么都不做。举个例子来说，就有这样一位叫鲍勃的前软件开发人员。根据美国国家公共电台的报道，通过对鲍勃的互联网浏览历史的回顾，他们确定，他的时间表中包括以下内容：

266

上午9：00：到达公司，浏览几小时 Reddit①；看小猫视频。

上午11：30：吃午餐。

下午1：00：逛 eBay。

大约下午2：00：脸书更新；领英。

下午4：30：向管理层发送本日更新邮件。

下午5：00：回家。

奇怪地缺少点什么？工作。显然，鲍勃没有做任何工作。

但是，这与鲍勃的绩效评估并不匹配。正如美国科技网站 TheNextWeb 报道的那样，鲍勃"显然获得了出色的绩效评估，甚至被誉为办公大楼里最优秀的开发人员：他的代码写得清晰、出色，并且上交及时"。不知道为什么，他在实际没有工作的情况下，却给出了优秀的工作成果。鲍勃的雇主似乎没注意到他没做任何工作，因为从公司的观点来看，他是很有成果的。

然而，鲍勃的雇主确实注意到了一些别的东西——公司服务器似乎接收到一些异常流量，是通过鲍勃的远程登录凭证进入的，似乎来自中国。甚至更加奇怪的是，鲍勃上班的时候，使用鲍勃远程凭证的中国端是活跃状态。为什么办公桌前的鲍勃会从中国远程登录？这家公司带着重重疑虑联系了它的电信服务提供商威瑞森。

该公司认为，一些异常的恶意软件已经感染了他们的系统，但事实并非如此。威瑞森认定，这个问题就是鲍勃自己，他们还解释了一个绩效评估优秀的人，是怎么与看小猫视频和 eBay 购物

① 社交新闻站点。

等关联起来的。

鲍勃把他的工作外包到了中国。

威瑞森后来确定，鲍勃可能已经这样几年了，大约用了四分之一的薪水购买了海外供应商的低成本服务。鲍勃当然被解雇了——除了因为他有明显的欺诈行为外，还因为他的雇主正在为美国政府开发软件，外包给中国是不可接受的。鲍勃可赚钱赚大发了。根据威瑞森安全团队的说法，这不是他唯一的工作——而且这可能不是他外包的唯一工作。根据威瑞森的说法，鲍勃的收入是"每年几十万美元"，而"每年只需向中国咨询公司支付约五万美元。"

延伸阅读 _____

给一个客服热线打电话，你的电话很可能会连接到驻扎在美国境外的客服代表。不过现在，电话那头的人位于美国的可能性越来越大了。为什么呢？许多公司已经找到一种低成本的国内解决方案：监狱囚犯。据 CIO.com 称，囚犯为需要帮助的顾客提供一级支持，每小时大约能赚一美元。

_____

喀迈拉:
基因错误的女人

挪用公款和职务诈骗非常普遍——尤其是与代孕诈骗相比。通常情况下，代孕诈骗的发生场景是，女性欺诈者承诺为一对夫妇代孕直到生产，但是在此过程中虚报的账单远远超出了合理的预期。有时候，情况甚至会变得更糟。

有时候，这只是一种残忍的科学骗局。

杰米·汤森和莉迪娅·费尔柴尔德是一对未婚夫妇。两人于2002 年分手。在他们分手时，费尔柴尔德怀上了汤森的孩子。她在家乡华盛顿州请求政府援助。她声称她有两个孩子，都是汤森的。华盛顿为了打击福利欺诈行为，需要新申请人及其家属进行 DNA 检测——该州得确认这些孩子真是申请人亲生的。费尔柴尔德高兴地同意了。

但 DNA 结果不匹配。根据检测结果，费尔柴尔德声称的孩子不是她自己的。当局相信，他们面对的是一个更阴险的计划。他们认为，费尔柴尔德不是两个孩子的亲生母亲，而是代孕者——她为了收取福利金选择自己养孩子。

费尔柴尔德表示抗议，提供了之前两次怀孕的照片、来自产房的照片，甚至是产科医生的证词。但政府认为，这些并不重要，DNA 才是决定性的。他们得出结论，费尔柴尔德是在说谎，这意味着她监护的两个孩子不是她的——至于她怀孕的事……谁知道呢？为了进一步验证这是否是一场代孕诈骗，法院命令在费尔柴尔德生下这第三个孩子时，由一位观察员在场，并等新生儿一落地就进行 DNA 检测。

DNA 又一次没匹配上。费尔柴尔德似乎是以某种方式窃取了卵子，最终生下了孩子——这些构成了某个复杂的骗局。几乎可以肯定，她不知道要在牢里度过多少年了——直到她的律师发现波士顿地区一个名叫卡伦·基根的妇女的故事。

据美国广播公司新闻网的报道，基根需要进行一次肾移植，她的家人——包括她的孩子——进行了测试，看看有没有人适合捐献。然而，医生发现基根与她孩子们的 DNA 不同。对费尔柴尔德的律师们来说，这个故事多么耳熟啊。基根的医生得出结论，她体内的嵌合性[chimerism，源自希腊神话中的"喀迈拉"（chimera），是一种狮首、羊身、蛇尾的神兽]出了问题，至少可以说是一种罕见现象。美国广播公司新闻网解释说："在人类生物学中，嵌合体是一种有机体，它至少拥有两种不同基因类型的细胞。换句话说，有些人本来是双胞胎之一，但是在母亲的子宫里，两个受精卵融合在一起，成为携带两种不同遗传密码的胎儿——有两条不同的 DNA 分子链。"在基根的例子中，她的甲状腺结节样本含有与她孩子相同的 DNA，但剩下的大部分身体都没有这种基因。

世界范围内，只有几十例人类嵌合体的病例记录。结果证明，费尔柴尔德就是其中之一。医生用巴氏涂片法发现了她与她的孩子相匹配的 DNA。费尔柴尔德有两套不同的 DNA，解释了之前的不匹配现象。

对她的所有指控都被判定为"无罪"。

延伸阅读 ————————

如果你想分辨一对同卵双胞胎，DNA 检测是帮不上忙的，因为他们具有相同的 DNA。怎么做才有用？看他们的肚脐。根据维基百科的说法，肚脐是一种疤痕，不是由遗传学决定的。（指纹在这里也有用——同卵双胞胎的指纹不一样，但通过指纹分辨没有看肚脐来得有趣。）

命运的巧合：
两个都叫吉姆的男孩

  截至 1979 年 2 月 8 日，詹姆斯·亚瑟·斯普林格（吉姆）结过两次婚。他第一次娶了一个名叫琳达的女人，以离婚告终。他的第二任妻子名叫贝蒂。詹姆斯·斯普林格在俄亥俄州长大，曾经拥有一只叫托伊的狗。他有一个名叫詹姆斯·艾伦的儿子（他的名字艾伦里也许只有一个1）。他香烟不离口，喜欢喝啤酒。他车库里有一个木工工作台。他开的是一辆雪佛兰，患有高血压和偏头痛，并曾担任警长的副手。他家住在一条安静的街道上——是那个街区里唯一的房子。

  截至 1979 年 2 月 8 日，詹姆斯·爱德华·刘易斯（吉姆）也结过两次婚。他第一次也娶了一个名叫琳达的女人，以离婚告终。他的第二任妻子也叫贝蒂。詹姆斯·刘易斯也在俄亥俄州长大，也曾经拥有一只叫托伊的狗。他也有一个名叫詹姆斯·艾伦的儿子（他的名字艾伦里也许只有一个1）。他也香烟不离口，喜欢喝啤酒。他车库里也有一个木工工作台。他开的也是一辆雪佛兰，也患有高血压和偏头痛，并曾担任警长的副手。他家也住在一条安静的街道上——是那个街区里唯一的房子。

截至 1979 年 2 月 8 日，吉姆·斯普林格和吉姆·刘易斯几乎不知道对方的存在。他们之前见过，但却是在婴儿时期。1979 年 2 月 9 日，两人在将近 40 年后第一次见面。

他们是一对同卵双胞胎，一岁时作为弃婴被人领养。现在，他们重聚了。

这令人震惊的巧合看起来像是神话，但几乎可以肯定这不是神话——在这对双胞胎团聚之后，《人物》杂志和《史密森》学会杂志刊登文章，报道了这对基因相同的双胞胎，他们像传闻的那样过着相同的生活，产生了不可思议的交集。

这对双胞胎的故事，引发了研究人员托马斯·J.布沙尔的好奇心。他是一位心理学教授，在明尼苏达大学的明尼苏达双胞胎与收养研究中心担任主任。布沙尔研究了他们的生活及相似之处。有一些相同的事件纯属巧合——养父母跟两个吉姆没有相同的 DNA，但都给他们取名詹姆斯。但是，正如布沙尔在申请研究经费时所描述的，他和他的团队得出的结论是，这一证据"继续表明，基因几乎对所有生理和心理特征都有着强烈的影响"。

布沙尔获得了资助，进一步研究双胞胎之间的关联。在几十年的过程中，他研究了许多被分开抚养的同卵双胞胎。他发现，有许多对双胞胎，虽然其中一个不知道另一个的存在，却做出了惊人的类似决定（但他们都不像吉姆·斯普林格和吉姆·刘易斯那样为人熟知）。布沙尔最终总结："羞怯、亲密、外向、遵守秩序、服从标准、政治保守、对努力工作的热爱，以及一系列其他社会特征大部分是可以遗传的。"这并不是说我们是自己的基因的奴隶——当然不是。但是，基因带有的神秘感和相关性，还是我们无法完全理解的。

_____

　　马克·吐温不是双胞胎之一，但他经常会跟别人说他是。在《马克·吐温幽默智慧集》一书里，作者讲述了他兄弟比尔的悲惨故事——但都是虚构的！还谈到他溺死在浴缸里——也许吧。马克（准确地说是萨缪尔·克莱门斯①）和比尔太过相似，甚至包括他们母亲在内的所有人都分不清他俩。所以，没人确定两个人中是谁死了。一个可怕的虚构故事？是的，但吐温一句妙语，就让听众摆脱了困境：他说，他是那个溺水的人。

_____

① 马克·吐温原名。

理查德·帕克：
如果你喜欢水，那你这个名字就起得太差了

　　著名作家埃德加·爱伦·坡在他 40 年的生命中，一共写了 70 首诗和 66 个短篇故事，但他只出版了一本长篇小说。这本书名为《亚瑟·戈登·皮姆的故事》，是一个虚构故事，重点介绍了偷渡者皮姆在捕鲸船上的不幸遭遇。

　　这也给了那些希望出海的人——至少，如果你叫理查德·帕克的话——一个非常有趣的警告。

　　这本小说出版于 1838 年，讲到一场捕鲸船上的暴动预谋。皮姆和另两个人击退了叛乱者，把他们杀死或扔到海里。只有一个人例外。这个幸免的叛变者名叫理查德·帕克。他被留在船上帮助操纵这艘船。事实证明，这样是不够的，因为船翻了，这四个人遭遇海难，且没有充足的食物。帕克认为，吃人是唯一的出路，他们用抽签的方式来决定受害者，结果帕克失败了，成了别人的餐食。

　　强调一下，这故事是虚构的。但到了 1846 年——爱伦·坡的小说出版仅仅 8 年后，一位现实生活中的理查德·帕克真的死于一次海难。他和其他 20 人登上了注定被毁灭的"弗朗西斯·斯佩特号"。那艘船沉没了，船上人员无一幸免。这本身是小题大做；它只是一次巧合，可没那么巧的是，没遇上叛乱或吃人的情况。

　　但是，时间快进几十年，到了 1884 年，这种巧合就变得令人毛骨悚然了。一艘名为"木樨草号"的游艇沉没了，四个人登上了一艘救生船——亚瑟·戈登·皮姆的故事里也是四个人。跟爱伦·坡的故事一样，四人发现自己缺乏食物，变得越来越绝望。然而，他们并没有抽签决定。年龄最小的一名船舱服务员进入了昏迷状态，剩下三个人中的两个直接杀死了他。随后，死去的 17 岁服务员成了剩下三个人的盘中餐。服务员的名字当然是理查德·帕克。

　　至于叛乱，需要回溯到 1797 年，爱伦·坡写小说之前——不过，没有什么证据表明爱伦·坡知道这件事。那年，在诺尔的英国海军基地，一个叫理查德·帕克的人发动了一场叛变，占领了一些船只。当食物紧张时，派克命令"他的"舰队朝法国方向前进。（好在这次总算是没有吃人行为了。）他所在的那艘船服从了命令，而其他船都没有服从。派克被逮捕了，并以叛国罪被绞死。

　　这一系列的巧合没有被完全忽视。2001 年，作者扬·马特尔出版了《少年 Pi 的奇幻漂流》，后被制作成一部电影。它讲述了一个人被困在一艘救生船上，身边还有几只动物，其中包括一只孟加拉虎。马特尔给这只老虎取名理查德·帕克，向前述的那些遇难船员致敬。虽然这些巧合可能不是真的，但如果你名叫理查德·帕克，那你可能会想离船远点。

延伸阅读 _____

　　"木樨草号"游艇上的理查德·帕克谋杀案之所以著名，还有一个原因——后来，对杀死帕克的凶手的审判成为刑事普通法的一个重要判例。在这起"女王诉达德利和斯蒂芬斯案"中，被告人辩称，他们是出于必要才犯下了谋杀罪，但法院裁定必要性不能成为谋杀的抗辩原因。如今，在美国各地的法学院里，这个案例得到了广泛的传授，但几乎任何有经验的教授都不会提及受害者姓名巧合这件事。

_____

神秘的祭拜者：
不断回来的男人

　　1849 年 10 月 3 日，一个陌生人发现埃德加·爱伦·坡精神错乱（尽管有报道说他是喝醉了，但事实可能并非如此），跌跌撞撞地走在马里兰州巴尔的摩的街道上。爱伦·坡——平时是一个非常时髦的人——穿着非常不合身的衣服，他的鞋子亟须擦洗和修理，鞋跟已经磨损得很厉害。许多人认为他穿的是别人的衣服，因为这身行头跟他的声望不符。让整件事更有意思也更不明朗的情况是，在 3 日被发现之前的大约一周的时间里，没有人知道（私下里知不知道就另说了）爱伦·坡的下落。

　　不幸的是，我们永远都不会知道发生什么了。爱伦·坡于 10 月 7 日去世。在过渡时期，他的身体从未完全恢复，让他能够解释他是如何陷入这种状态的。

　　然而，跟爱伦·坡逝世时的情况一样奇怪的是，他死后几十年来，在每年的同一天，一个穿着特殊服饰的男人总会拜访埃德加·爱伦·坡的墓地，但从没解释过他的动机或身份。然后，有一年，他停了下来，再也没有回来过。

巴尔的摩媒体和团体将他称为"爱伦·坡祝酒人"。他的身份跟他的动机一样神秘。20 世纪 30 年代的某一年——具体的年份已经淹没在了历史中，祝酒人在 1 月 19 日爱伦·坡诞辰之际，到达了爱伦·坡原先的墓地（于 1875 年搬迁）。每年那一天的早上，祝酒人除了戴一条白色围巾外，一身黑色（包括一顶宽边帽）。那人的脸上挡着一块面罩，拿着一根镀银手杖。他会向曾经葬在那里的名人致敬，用三朵玫瑰和一瓶没喝完的干邑白兰地装饰坟墓，有时还会留下一张字条。

这些字条提到了爱伦·坡的伟大之处，至少在祝酒人眼中是这样。但在 1993 年，这场本身已经够神秘的墓地仪式变得更加难以捉摸了。字条上简单地写着："火炬将会被传递。"到这时候，祝酒人——假设一直是同一个人——已经进行了 60 年的仪式。有人认为他正打算退休（或已经接受了自己将死的事实）。这个猜测思路在 1999 年变得愈加有说服力，因为字条上提到了祝酒人的儿子们。此外，那一年，祝酒人观察者们注意到，那位黑衣男子比往年显得更年轻。

此后，这些字条似乎越来越不符合祝酒人的特征。2001 年，字条上提到了即将到来的"超级碗"比赛——纽约巨人队对阵本地的乌鸦队，但他明显是支持纽约队的。再后来，由于法国不愿加入伊拉克的军事行动，美国进入了短暂而明显的反法时期。（还记得把"法式薯条"改称"自由薯条"吗？）2004 年，祝酒人在此期间来到了坟墓。他的字条（用糟糕的语法）明显反映了美国的这种情绪暗流："有关爱伦·坡的神圣记忆及其最后的安息之地上，根本就没有法国干邑白兰地的空间。虽然有很多不情愿，但为了尊重家庭传统，在此仍旧放下干邑白兰地。爱伦·坡的记忆要永远留存下来！"

2009 年——埃德加·爱伦·坡 200 周年诞辰——"爱伦·坡祝酒人"最后一次出现。直到 2014 年的 1 月 19 日，他也没再出现在爱伦·坡的墓地前。不过，几个效仿者倒是替祝酒人来过（他们不像祝酒人正主那样喜欢保密）。杰夫·杰罗姆是爱伦·坡之家与博物馆的前策展人。多年来，他一直在收集祝酒人的字条。2012 年，他宣称这项传统已经难以为继了——关于祝酒人真实身份的线索所剩无几。

延伸阅读 ————

巴尔的摩乌鸦队的昵称来自埃德加·爱伦·坡著名的诗歌《乌鸦》。从 1996 年球队成立到 2008 年，他们之前有三个吉祥物——都是由演员化妆打扮成乌鸦模样，名字分别是埃德加、爱伦和坡。不过，在 2009 赛季，埃德加和爱伦退休了，取而代之的是两只有活力的乌鸦，名叫"崛起"和"征服"。

————

孤独葬礼基金会：
你在阿姆斯特丹市为什么不会独自死去

　　每一年，有无数人是独自离世的。他们没有家人或朋友出钱，为他们举办一场体面的葬礼。在很多地方，政府和其他组织会负责那些不怎么让人愉悦的事，比如处理个人物品、处理遗体等。我们不会详细讨论，但我们可以说，他们完成了必须完成的工作——但是采用了官僚主义的方式。

　　不过，一个人独自离世并不意味着他／她就该被随随便便地埋掉。至少在阿姆斯特丹市，不会这么随便。

　　在阿姆斯特丹，去世之人没有近亲或其他人认领遗体的情况每年大概会发生 20 次。这可能意味着，死者将在任何人都注意不到的地方被埋葬。不过，大约 25 年来，一个名叫盖尔·弗里茨的人确保了不会发生这种事。据荷兰国际广播电台 2010 年的报道，在阿姆斯特丹城市服务部门的支持与帮助下，弗里茨办成了只有他一个人出席的葬礼会。在政府机构通知他有人死亡，且此人后继无人时，弗里茨就会到刚刚去世的人的公寓，了解这个人的生活、愿望和兴趣。然后，根据他搜集的信息，他会选择一些音乐用于葬礼——一场只有他参加的仪式。他还给墓地送去了鲜花。

在十多年的时间里，弗里茨都是一个人完成这些仪式。然后到了 2002 年，一位名叫弗兰克·斯塔里克的诗人问他自己能不能加入。斯塔里克认为，刚刚逝去的死者应该有悼词，即使他们没有朋友，所以他会给每位逝者写诗。弗里茨感谢斯塔里克为死者带来的尊严。两个人一拍即合，一起为死者送上一场庄重的仪式。否则，这些人可能就要在无人注意的情况下静静死去了。

今天，这两个人在阿姆斯特丹创立的孤独葬礼基金会声名远扬。他们开启了一场运动。在荷兰和比利时的其他城市里，志愿者们在效仿弗里茨和斯塔里克的事业，为当地没有亲友的死者配上音乐与诗歌。

延伸阅读

2007 年，一名名叫阿米尔·韦哈博维奇的 45 岁波斯尼亚男子去世了。参加他葬礼的只有一个人——他的妈妈。通常情况下，这并不会令人感兴趣——这种事太常见了，只是韦哈博维奇没有真的死掉。他怀疑，他的朋友们不是真的喜欢他，所以他伪造了自己的死亡（买了张假死亡证书，贿赂了殡葬承办人，搞到了一口空棺材），看看他们是否足够关心他，会来表达最后的敬意。他们并没有来。

Now I Know More by Dan Lewis
Copyright © 2014 by Dan Lewis.
All rights reserved.
Originally published by Adams Media, a division of F+W Media, Inc.

著作权合同登记号：图字18-2018-308

图书在版编目（CIP）数据

如果人类是整个宇宙的大脑 /（美）丹·刘易斯
（Dan Lewis）著；陈亚萍译. —长沙：湖南科学技术
出版社，2019.8
ISBN 978-7-5710-0047-9

Ⅰ．①如⋯ Ⅱ．①丹⋯ ②陈⋯ Ⅲ．①科学知识—普
及读物 Ⅳ．①Z228

中国版本图书馆 CIP 数据核字（2018）第 291109 号

上架建议：文化·百科

RUGUO RENLEI SHI ZHENGGE YUZHOU DE DANAO
如果人类是整个宇宙的大脑

著　　者：〔美〕丹·刘易斯
译　　者：陈亚萍
出 版 人：张旭东
责任编辑：林澧波
监　　制：蔡明菲　邢越超
策划编辑：李齐章　蔡文婷
特约编辑：汪 璐
版权支持：辛 艳
营销支持：李　帅　文刀刀　傅婷婷　周　茜
版式设计：李 洁
封面设计：主语设计
图片来源：视觉中国
出　　版：湖南科学技术出版社
　　　　　（湖南省长沙市湘雅路276号　邮编：410008）
网　　址：www.hnstp.com
印　　刷：三河市中晟雅豪印务有限公司
经　　销：新华书店
开　　本：880mm×1270mm　1/32
字　　数：213千字
印　　张：9.5
版　　次：2019年8月第1版
印　　次：2019年8月第1次印刷
书　　号：ISBN 978-7-5710-0047-9
定　　价：42.00元

若有质量问题，请致电质量监督电话：010-59096394
团购电话：010-59320018